QUESTIONS DU TEMPS PRÉSENT

LE REFERENDUM COMMUNAL

PAR

ROBERT DE LA SIZERANNE

AVEC UNE PRÉFACE DE

PAUL DESCHANEL.

> De minoribus rebus principes consultant; de majoribus, omnes.
> TACITE.

PARIS
ARMAND COLIN ET Cie, ÉDITEURS
RUE DE MÉZIÈRES, 5

1893

LE REFERENDUM
COMMUNAL

Paris. — Imprimerie L. Maretheux, 1, rue Cassette. — 1315.

QUESTIONS DU TEMPS PRÉSENT

LE REFERENDUM COMMUNAL

PAR

ROBERT DE LA SIZERANNE

AVEC UNE PRÉFACE DE

PAUL DESCHANEL

De minoribus rebus principes consultant; de majoribus, omnes.
TACITE.

PARIS
ARMAND COLIN ET Cie, ÉDITEURS
RUE DE MÉZIÈRES, 5
1893

PRÉFACE

Monsieur,

Vous voulez bien me demander un mot d'introduction pour votre étude sur le *Referendum*. Je l'ai lue avec le plus vif intérêt ; et, bien que je ne partage pas toutes les idées qui y sont émises, je crois qu'elle vient à son heure, qu'elle groupe habilement un certain nombre de faits utiles à rappeler, et qu'elle peut faire avancer la question en provoquant la controverse.

Théoriquement, l'idée du *referendum* est juste.

Le plus grand péril qui puisse menacer les institutions parlementaires, c'est l'omnipotence des Assemblées. « La nation n'est libre que quand ses représentants ont un frein. » Le mot est, je crois, de Benjamin Constant ; la pensée est de tous les grands libéraux de tous les temps, depuis Aristote jusqu'aux immortels auteurs du *Fédéraliste*, ce livre admirable qui devrait être le bréviaire des démocraties modernes.

Or, ce frein, où le trouver ?

Les uns le cherchent dans le peuple ; les autres, dans la division et l'équilibre des pouvoirs. Peut-être faut-il le chercher des deux côtés à la fois ?

Il est certain que le suffrage universel, tel qu'il fonctionne actuellement, est à l'état barbare, chaotique : en fait, il n'opère guère autre chose que de petits plébiscites fort grossiers, à la majorité plus un des votants !

On comprend très bien que le *referendum* apparaisse à d'excellents esprits comme une idée d'avenir (aussi bien que, dans un autre ordre d'idées, la représentation des minorités).

Le *referendum* est d'ailleurs — vous l'avez très bien montré — tout le contraire du plébiscite tel qu'il a fonctionné la plupart du temps dans notre histoire : car le plébiscite a souvent porté sur des hommes, au lieu que le *referendum* porte sur les idées et sur les choses; et peut-être que ce système, en accoutumant le peuple à juger les idées directement sans les incarner en des personnes, deviendrait, par une conséquence assez imprévue de nos parlementaires, un assez bon remède aux dangers de l'anthropomorphisme.

Je pense donc avec vous que le *referendum* est une idée juste en soi.

Mais la théorie est une chose, la pratique en est une autre. Vous-même, vous ne croyez pas que le suffrage universel, en France, soit mûr pour le *referendum* politique ; et en effet, quand on voit l'usage que font certaines gens qui passent pour éclairés, du mot *revision*, par exemple, comment pourrait-on songer à consulter tout le peuple sur des questions d'ordre constitutionnel?

C'est dans l'ordre municipal seulement que vous admettez le *referendum*, et encore ne l'admettez-vous qu'à titre facultatif. Vous demandez tout simplement qu'on laisse se développer en liberté ce mouvement qui, depuis quelques années, a poussé plusieurs conseils municipaux, lorsqu'ils étaient divisés, à consulter la population pour s'éclairer.

En effet, qui donc est plus compétent que le peuple pour fixer, par exemple, l'emplacement d'une mairie, d'une école, ou d'un marché? Dans tous les cas de cette sorte, il ne s'agirait là, en réalité, que d'une enquête *de commodo et incommodo*, mais avec cette double différence, que cette enquête serait ouverte par les élus de la population au lieu de l'être par les agents du pouvoir, et que les opinions seraient émises au scrutin secret, au lieu d'être motivées et signés par l'électeur en personne.

Mais n'est-il pas certaines affaires, même dans l'ordre municipal, pour lesquelles le suffrage universel n'est peut-être pas encore le meilleur juge d'appel? Vous n'êtes pas sans avoir observé que, dans les essais de *referendum* municipal qui ont eu lieu en ces dernières années, chaque fois qu'il s'est agi de créer une dépense nouvelle, c'est toujours dans un sens négatif que s'est exprimée la majorité des suffrages. Il faut, en effet, une éducation supérieure, des connaissances administratives assez élevées pour apercevoir, par delà son intérêt propre, l'intérêt du pays. Demande-t-on au contribuable s'il juge utile la construction d'un lycée? Ce qu'il voit d'abord, c'est l'augmentation d'impôt qui doit en résulter; il songe surtout au sacrifice actuel qu'on réclame de lui, il réfléchit moins au bénéfice qu'en retireront les générations futures. Ou bien le consulte-t-on sur les clauses d'un bail? Il calcule les économies que son vote lui fera réaliser, sans se préoccuper si, à de telles conditions, il sera possible à la Compagnie fermière de subsister, et sans songer que les entrepreneurs bons et solvables sont rares et qu'il importe de les ménager.

Dans la législation actuelle, le soin de veiller à l'intérêt général est confié au préfet, qui peut refuser son approbation à la décision du Conseil municipal. Cette disposition demeurerait-elle compatible avec l'emploi du *referendum?*

Il y a là, vous le reconnaîtrez, de délicats problèmes devant lesquels peuvent hésiter encore les esprits les plus libres, ceux-là même que séduiront vos pages si lumineuses, et que vous aurez à conquérir peu à peu par les ressources de votre dialectique et l'agrément de votre verve.

PAUL DESCHANEL.

LE REFERENDUM COMMUNAL

I

UNE ÉPAVE DU BOULANGISME

Naguère une mémorable bourrasque sévit sur la République. On la crut ébranlée jusque dans ses fondements. Qui ne se souvient des cris d'effroi des uns, des cris de convoitise des autres? L'orage passa. L'océan populaire déchaîné rentra dans son lit. Sur la grève, d'où se retiraient tout ce bruit et toute cette écume, il restait pourtant une utile, une précieuse épave.

Cette épave, c'est le Referendum.

Les libéraux qui avaient vaillamment tenu tête à l'orage l'ont aperçue. Mais ils n'osent y toucher. Cela leur semble *tabou*. Ils laissent là sur le sable ce code du Referendum comme un objet épineux, difficile à prendre, comme un livre explosible ou une marmite à renversement qui n'a pas encore été soumise à l'analyse des grands chimistes de l'orthodoxie républicaine, dans le laboratoire constitutionnel. Sans doute, ils soupçonnent bien qu'on en pourrait tirer quelque utilité, mais la manière dont cette épave leur est parvenue excite en eux une incurable méfiance. Ils tournent autour d'elle avec une curiosité craintive. Il me semble voir ces sauvages que représentent les gravures anglaises, déballant les objets contenus dans les caisses d'un naufragé et examinant, celui-ci une glace, celui-là un encrier ou des balances en se demandant à quoi cela peut bien servir et ce qu'on doit en attendre de fâcheux. Jamais il ne leur viendrait à l'idée que ces objets peuvent aider aussi bien leurs nouveaux possesseurs que celui qui les utilisait l'instant d'avant. Non, ils sont ainsi faits, que rien de ce qui a pu servir au boulangisme pour les attaquer ne leur semble pouvoir être employé par eux-mêmes pour se défendre. Le Referendum porte une estampille qui le rend impropre à tout usage. Pour beaucoup, Referendum et boulangisme sont deux choses si parfaitement unies qu'autant vaudrait vouloir séparer les frères siamois ou des perruches ondulées. Il y a là une imagination, ou une image, qu'il importe de rectifier.

Pas plus que la mer ne crée l'épave qu'elle se

borne à mettre en évidence et à charrier sur ses vagues, le boulangisme n'a créé le Referendum qui existait depuis quarante ans en Suisse [1] et, sous une autre forme, depuis plus de deux cents ans aux Etats-Unis [2]. Il s'en est seulement emparé, le jugeant de bonne prise. Il l'a simplement tiré du coin obscur où gisent les morceaux de législation et, sans trop savoir ce que c'était [3], il

1. Sans remonter à la première consultation populaire faite dans le canton de Berne en 1439, à l'occasion de la première guerre de Zurich, et aux quatre-vingt-douze autres votations semblables qui eurent lieu entre 1439 et 1798 (voir von Stürler, *Die Volksanfragen im alten Bern*), rappelons que, dès avant 1848, les cantons de Valais et des Grisons avaient adopté le Referendum. Plus tard, d'après l'article 113 de la loi fédérale de 1848, il fut réservé, en tout temps, le droit de demander une revision de la constitution, si cette demande émanait d'au moins 50,000 citoyens suisses, ayant le droit de vote. Conformément à cet article, il y eut en 1866 un referendum sur neuf lois à la fois. En 1858, le canton de Neuchâtel, et en 1861, le canton de Vaud admirent le Referendum en le réservant seulement aux questions financières. On voit que le Referendum est bien antérieur à la constitution de 1874, qu'on cite toujours comme créatrice de ce mode de votation. Voir article 89, deuxième alinéa de cette nouvelle constitution, et les articles 118 à 123, modifiés par la votation populaire du 5 juillet 1891.

2. Dans les *towns* dont la constitution remonte presque à la fondation du Massachusetts. Voir l'acte du 3 mars 1636. Palfrey, *History of New-England*.

3. J'en emprunte l'aveu à un député boulangiste, M. Maurice Barrès (*Figaro* du 30 septembre 1892), qui compare à Murat, prononçant des mots dépourvus de sens

l'a porté jusqu'à la surface de l'opinion publique, le faisant miroiter dans le bouillonnement de ses colères aux yeux de la foule étonnée et ravie. Le nom de ce gérondif latin est devenu rapidement populaire; la chose a été immédiatement expérimentée d'un bout à l'autre du territoire. La question s'est posée avec une puissance et une spontanéité qui nous forcent à quelque sympathie ou du moins à une sérieuse attention.

Le malheur est que des fanatiques partisans d'une part et des adversaires épouvantés de l'autre, ont tellement grossi et dénaturé ce nouveau-né de la liberté, qu'ils ont réussi à en faire une caricature et un épouvantail pour beaucoup d'esprits libéraux. On a d'abord confondu le Referendum avec le plébiscite, et ce gigantesque coq-à-l'âne a défrayé jusqu'ici toutes les polémiques qui ont eu lieu à ce sujet [1]. La confusion a été soigneusement entretenue par de vieux plébiscitaires qui voudraient se donner les gants de l'invention du Referendum, et par quelques op-

pour enlever ses hussards, le général Boulanger répétant sans y attacher d'importance : « Revision! Referendum! Referendum! »

1. « Un très grand nombre de nos amis confondent le Referendum avec le plébiscite ou du moins y aperçoivent un germe, un réveil possible de l'idée plébiscitaire. » Paul Deschanel, La Réforme administrative (*Temps* du 10 janv. 1891).

portunistes arriérés qui, ne voulant pas de consultation populaire et sachant parfaitement qu'elle s'impose dans tout système démocratique, feignent de prendre le Referendum pour un autre plébiscite, afin de le pouvoir proscrire plus commodément. On a ensuite confondu le Referendum municipal, le seul dont il s'agisse ici, avec le Referendum politique, et l'on a opposé au premier des arguments qui eussent été admissibles peut-être si on les avait adressés au second. Enfin, lorsqu'on a bien voulu discuter le Referendum communal, on a feint de voir une *obligation* imposée aux conseils municipaux là où il n'y avait qu'un *droit* qui leur était accordé. Les discussions à ce sujet ont toujours ressemblé à une conversation entre deux sourds : « Avez-vous bien dormi cette nuit? — Non, Dieu merci, et vous? — Moi, je préfère l'antipyrine, etc. », en sorte que chacun des interlocuteurs ayant absolument raison de son côté, l'un triomphant sur un terrain, l'autre sur un autre, tous les deux se trouvent au bout de la lice, vainqueurs, sans qu'il y ait un vaincu, sinon peut-être le sens commun qui pâtit toujours dans ces sortes de rencontres.

Tâchons de bien délimiter le sujet afin que chacun, le discutant, discute la même chose et qu'ainsi les vaillants adversaires du Referendum ne se fatiguent pas à pourfendre des outres ou à bâtonner des moulins à vent. Cherchons à quels besoins précis répond le Referendum communal, — comment il est né en France, — ce qu'il est advenu de lui devant les hauts et puissants seigneurs qui nous gouvernent, — ce que dit l'exemple de l'étranger, — quelles sont les objections qu'il soulève et ce que valent ces objections. Examinons tout cela sans terreur; dissipons les équivoques, gardons-nous des préjugés, perçons l'enveloppe des mots pour voir, au dedans, les choses; mettons en pleine lumière les fantômes de césarisme et de réaction : ils s'évanouiront. Et nous serons fort étonnés, tout à l'heure, de nous retrouver tous d'accord, à quelque parti que nous appartenions, et de voir qu'il suffisait de bien poser la question pour la résoudre ou en d'autres termes que, pour s'entendre, il suffisait de s'écouter.

II

UN THERMOMÈTRE DE L'OPINION

Personne n'est sans avoir assisté à une de ces luttes intestines qui divisent un conseil municipal en deux camps sur une question d'intérêt local : construction d'une caserne, d'un lycée, établissement d'un marché, d'un octroi, emprunt, etc., chaque camp soutenant que seul il représente non seulement les vrais intérêts, mais encore les véritables sentiments de la population. Dans une petite ville où les événements sont rares, les sujets de conversation limités, ces luttes s'enflent et grossissent d'une foule de racontars, d'allusions personnelles, d'insinuations désobligeantes et prennent les proportions d'une guerre entre Guelfes et Gibelins, moins toutefois les déjections d'huile bouillante et de plomb fondu. Le sujet de la discussion n'est pas, comme à Paris ou dans les grands centres, ignoré de la plupart des citoyens : on l'a exposé, expliqué, commenté, discuté, ressassé, parfois même sérieusement étudié. On en cause le soir entre voisins en prenant le frais, ou l'hiver au coin du feu, sans avoir, pour s'en distraire, les potins des cercles et la chorégraphie de la Loïe Fuller. On a approfondi la matière jusque dans ses détails. S'agit-il d'une route à agrandir, on a été s'y promener le dimanche; d'une prise d'eau à effectuer, on a supputé le nombre de mètres cubes que la rivière pourra donner; d'une école, d'un lycée à construire, on a compté presque nominalement les élèves qui en profiteront; on sait le prix, l'emplacement, les chances de bénéfices. S'agit-il d'un octroi, chaque ménagère a fait son compte et calcule d'avance de combien le gapian augmentera le prix des denrées qui lui passeront sous le nez. — Cependant cette question que tout le monde agite ne fait pas un pas. Le conseil municipal est divisé. L'opposition soulève une foule d'incidents qui empêchent d'émettre un vote définitif. D'ailleurs, quelques-uns des conseillers municipaux qui désirent aller de l'avant se rappellent avoir promis à leurs électeurs de n'établir aucune taxe nouvelle. Les électeurs ont-ils changé d'avis et approuveront-ils cette volte-face? « Cruelle énigme! » — La discussion s'aigrit et tourne aux personnalités. On soupçonne ceux qui poussent à la bâtisse d'être maçons et ceux qui en détournent de vouloir sauver leurs deniers, sans égard pour le petit commerce qui gagnerait sûrement au voisinage du collège ou de la caserne. Les journaux du cru, ravis de cette aubaine, enveniment le débat et se jettent réciproquement à la tête le reproche d'égoïsme et la qualification de coterie. L'adversaire est toujours censé ne prendre souci que de ses intérêts et non de ceux de la majorité. Il arrive fatalement une heure où tous les arguments de part et d'autre étant fourbus, c'est celui tiré de la volonté de la population qui demeure l'arme suprême des combattants. Chacun se prétend le seul fidèle interprète des vœux de la majorité ; chacun se proclame le dépositaire de ses secrets et affirme avoir l'oreille du peuple. Il est assez naturel que, dans un pays où la majorité fait la loi, savoir de quel côté penche cette majorité dans une question populaire, c'est savoir comment cette question doit être tranchée. Aussi devant cette affirmation des conseillers municipaux qui désirent lâcher les cordons de la bourse : « La population est avec nous ! » les conseillers qui préfèrent les resserrer ne disent jamais : « Qu'importe, si ce sont des imbéciles ! », mais bien : « Pas du tout ! La population est avec nous. » Et l'on se renvoie la balle ainsi, indéfiniment, dans ce lawn-tennis de la discussion, sans s'aviser qu'outre les discours, les raisonnements, les hypothèses, la consultation des augures et les somnambules, il y a encore un moyen de savoir ce que veut la population, — c'est de le lui demander.

III

LES PREMIERS ESSAIS EN FRANCE

On s'en est avisé pourtant, et, sans faire de bruit, sans inventer de théories constitutionnelles, sans afficher de prétentions à une réforme de nos institutions, simplement pour dissiper de la façon la plus naturelle, la plus conforme au bon sens, un doute obsédant, une fâcheuse équivoque, certains conseils municipaux ont fait appel à la population et lui ont demandé de quel côté elle penchait. Ne pouvant constater autrement si le plus grand nombre d'opinions était pour le projet ou contre le projet, ils ont dressé la *statistique des opinions* de leurs électeurs, non pas, qu'on l'entende bien, afin de se démettre entre leurs mains de toute autorité, non pas pour s'éclairer des lumières que la foule ne possédait peut-être pas plus qu'eux-mêmes, mais tout uniment pour savoir où allait la foule, si c'était à gauche ou à droite, en avant ou en arrière. Et la statistique des opinions étant faite, les conseils municipaux ont pris telles décisions qu'ils ont voulues. C'est ainsi qu'en novembre 1888, le conseil municipal de Cluny (Saône-et-Loire), n'osant prendre la responsabilité de la construction d'une caserne qui eût coûté 300,000 francs, consulta les électeurs qui, par 479 *non* contre 298 *oui*, repoussèrent le projet proposé. C'est un député républicain radical, M. Simyan, qui avait conseillé à la municipalité de se renseigner de cette façon sur le sentiment de la population et d'éviter ainsi d'aller contre ce sentiment qu'elle voulait — à tort ou à raison — suivre exactement [1]. L'ordre

1. Voici, pour plus de détails, comment un journal rendait compte de cette intéressante expérience :

« Le Conseil municipal de la petite ville de Cluny étudiait, depuis plusieurs mois déjà, la possibilité d'obtenir du ministre de la guerre une garnison d'un bataillon d'infanterie. La ville n'ayant pas de casernement, il fallait en construire un, et le Conseil municipal se trouvait ainsi acculé à la nécessité de contracter un emprunt de 300,000 francs, dont 250,000 francs eussent servi à la construction de la caserne et 50,000 francs à l'installation des eaux potables pour la ville. C'est à cette fin que tendait le rapport de la commission spéciale chargée d'étudier la question. Mais les conseillers municipaux de Cluny avaient pris, lors de leur élection, l'engagement de ne contracter aucun impôt nouveau *sans consulter* les électeurs. Fidèle à cet engagement, le Conseil municipal prit l'initiative d'une grande réunion publique contradictoire, où cette importante question fut examinée dans tous ses détails. Lorsque les raisons, pour ou contre, eurent été

parfait qui avait présidé au scrutin et l'affluence des électeurs qui y avaient pris part encouragèrent d'autres communes à suivre cet exemple. Le 23 décembre 1888, le conseil de Bagnols consultait les électeurs pour savoir s'ils désiraient que le marché aux blés fût réintégré sur la Grande Place du Marché. Un mois après cette seconde consultation, la municipalité de Riom posait à ses électeurs la question suivante : « Êtes-vous d'avis d'emprunter un million pour l'installation d'un régiment ? » et obtenait comme réponse 857 *non*

successivement exposées, M. Simyan, député de Saône-et-Loire et conseiller municipal de Cluny, résuma le débat et dit que c'était aux électeurs de le conclure par la décision qu'ils trouveraient conforme à leurs intérêts. Il indiqua le Referendum comme le moyen le plus rationnel d'obtenir ce résultat.

La réunion ayant adopté à l'unanimité cette manière de voir, les citoyens ont été appelés, dès dimanche, à manifester leur opinion par un vote régulier. Des cartes d'électeur, spécialement imprimées pour la circonstance, avaient été envoyées aux électeurs, avec deux bulletins, *oui* et *non*. On y avait joint une feuille indiquant le chiffre des impôts payés actuellement par le contribuable et le chiffre qu'il devait payer si l'emprunt était voté. La salle du théâtre servait de salle de vote, et le bureau était constitué comme pour une élection municipale. Sur onze cents électeurs inscrits, huit cent deux ont pris part au scrutin. C'est le chiffre moyen de toutes les élections municipales dans cette commune. Le résultat du vote a été de 298 oui et 479 non. Il y a eu 25 bulletins divers ou nuls. L'emprunt était donc repoussé. Le conseil municipal a accepté en entier la décision de la population.

contre 725 *oui*. Je ne parlerai que pour mémoire de l'espèce de meeting monstre tenu à Yvetot pour protester par un *non* formidable contre le projet Goblet qui dépossédait la charmante ville de sa sous-préfecture, en sorte que le Referendum fut le vrai dernier roi d'Yvetot. Mais revenons à l'hiver 1888-1889. Il ne se passait pas de semaine sans que ce mode d'arbitrage ne fût employé sur un point quelconque de la France. En février 1889 le conseil de Bergerac (Dordogne) invitait les électeurs à se prononcer par *oui* ou par *non* sur l'emplacement du marché aux bœufs. Cela prenait comme une traînée de poudre. Aucun désordre n'avait eu lieu, et ce moyen très simple et très rapide de vider les querelles et de liquider les discussions était adopté de village en village, lorsque M. Constans, qui veillait du haut de sa fenêtre de la place Beauvau, aperçut cette liberté nouvelle qui tendait à naître. Prompt comme l'éclair, il fondit dessus et, sans s'embarrasser de discuter avec elle, il lui tordit le cou [1]. Une circulaire « confidentielle » aux préfets fit l'affaire et par la pauvreté des arguments qu'elle exprime,

1. « Le Préfet doit, en vertu des articles 63 et 65 de la loi du 5 avril 1884, prononcer la nullité de toute déclaration par laquelle les conseils municipaux auraient décidé de recourir au Referendum. » Constans. Circulaire confidentielle aux préfets. Direction de l'administration départementale et communale, 23 mars 1889.

il est visible que le ministre de l'intérieur se préoccupait beaucoup moins de combattre le Referendum que d'atteindre le boulangisme qu'il supposait dissimulé derrière. Aujourd'hui que le boulangisme n'est plus, l'opposition de M. Constans, qui n'était fondée que sur ce péril évanoui, tombe d'elle-même, avec la seule raison passagère qui avait pu, aux yeux de certains républicains, la justifier.

IV

LE REFERENDUM DEVANT LA CHAMBRE

Né dans le pays, le mouvement enrayé par l'ukase de M. Constans vint s'amortir devant les portes de la Chambre le 16 juin 1890. On ne voulut même pas lui ouvrir le guichet de la simple prise en considération. Une proposition de M. de Mackau, qui pouvait avoir ses défauts, mais dont le principe était cependant digne d'examen, fut repoussée par 312 voix contre 187, et ceux qui la soutinrent empochèrent de plus l'épithète de *césarien* qui, comme on le sait, équivaut au mot de « porc » dans le vocabulaire du Palais-Bourbon. En vain M. de Mackau expliqua qu'il ne songeait à imposer le *Referendum* à personne, mais simplement à permettre aux conseils municipaux de s'en servir, s'ils le jugeaient utile; on lui répondit sans l'écouter qu'il voulait « créer une arme contre les conseils municipaux républicains[1] » ou encore que sa proposition était « la destruction des conseils municipaux[2] ». Dans le premier paragraphe de cet essai, j'ai parlé de coq-à-l'âne; je ne crois pas que quiconque lira le compte rendu de cette séance du 16 juin 1890 trouve une autre expression pour la dépeindre. Personne ne s'entendit, ni partisans, ni adversaires. Tandis que M. de Mackau disait : « J'insiste sur le mot *autoriser*, car il montre que, dans notre pensée, le *Referendum*, dans ces conditions, n'était pas obligatoire, mais qu'il appartenait aux maires et aux conseils municipaux de saisir les intéressés... », M. le comte Lemercier entendait tout le contraire, car il venait déplorer, l'instant d'après, en parlant des maires et des conseils municipaux : « le jour où ces hommes seront tous les jours *exposés* au vote d'un referendum, etc. » Les adversaires du projet ne prirent même pas la peine de se concerter sur les motifs de leur opposition. M. Lemercier a combattu le referendum parce qu'il y voyait de la politique[3]

1. M. Maurice Faure. Discours. *Journal officiel* du 17 juin 1890. Débats parlementaires. Chambre des députés.

2. M. Montaut. Interruption, *ibid.*

3. « Oui, je suis absolument opposé au Referendum politique, et je crains que la façon dont on veut l'introduire dans les questions municipales ne soit qu'un coin servant à l'introduire dans nos institutions politiques. Je demande à la Chambre de repousser la prise en considération. » (Comte Lemercier. Discours, *ibid.*)

et M. Le Hérissé parce qu'il n'en voyait pas [1], M. Guillemet parce que l'électeur ne serait pas assez libre dans son vote [2], et M. Le Hérissé parce qu'il le serait trop [3], M. Pelletan parce que le projet rétablissait l'influence des plus fort imposés [4], et toujours M. Lemercier parce qu'il ne la rétablissait pas assez clairement [5] ! Mais que demandé-je? s'entendre avec les autres... M. Guillemet ne s'est pas entendu avec lui-même ! Tandis qu'il reprochait au projet Mackau d'obliger le campagnard à signer son bulletin de vote, il préconisait l'enquête *de commodo et incommodo* où le

1. « Je le déclare bien haut. J'ai toujours été, je suis et je reste partisan du Referendum, lorsqu'il s'agit de régler une question de politique générale... je voterai contre cette prise en considération. » (M. Le Hérissé. Discours.)

2. « Quel est le campagnard qui, sachant que son maire verra son vote, osera voter contre ce maire lui-même? » (M. Guillemet. Discours.)

3. « J'estime que le jour où, dans notre législation, nous ferions entrer le principe du Referendum en matière communale, l'administration de nos communes deviendrait absolument impossible... » (Le Hérissé. Discours.)

4. « Étant donné que le projet de M. le baron de Mackau a un caractère véritablement censitaire, puisqu'il rétablit l'influence des plus imposés, j'en repousserai énergiquement la prise en considération. » (M. Camille Pelletan. Discours.)

5. « Je n'aurais pas voté, lorsqu'elle fut présentée, la loi qui a supprimé l'intervention des plus haut cotisés... votre projet tend-il à la rétablir? Alors dites-le et nous verrons ce que la Chambre aura à faire. » (Comte Lemercier. Discours.)

campagnard doit non seulement signer son vœu, mais encore comparaître en personne[1]. « D'ailleurs, s'écrièrent à l'envi les députés opposants, les électeurs sont trop ignorants! » ils n'ajoutèrent pas : « car ils nous ont élus », ce qui eût été peut-être aussi un argument à l'appui de leur thèse. Enfin, profitant de l'occasion, on bâtonna un peu sur le dos de M. Naquet le boulangisme, le 2 décembre et le péril clérical, et le projet fut enterré.

Il faut être juste envers la Chambre. Si elle n'avait pas de bonnes raisons pour rejeter sans la discuter une proposition inspirée de l'initiative des communes françaises comme de l'exemple d'une République voisine, et tendant à une plus complète application de la souveraineté de ce peuple qui l'avait élue, elle ne manquait pas de prétextes pour ne pas prendre le Referendum tel que M. de Mackau le lui présentait. Le projet du député de l'Orne, excellent en principe, n'avait pas circulé sur les bancs de la droite sans amasser un peu de poussière réactionnaire. On y lisait, par exemple, que seuls auraient le droit de voter les contribuables inscrits au rôle d'une des quatre

1. « Inutile, ne l'est-il pas en effet (le Referendum) dans un pays... où les habitants des communes ont à leur disposition l'enquête *de commodo et incommodo*. » (M. Guillemet. Discours.)

contributions directes, ce qui excluait un certain nombre d'électeurs, et que les bulletins devraient être signés, ce qui n'assurait guère la liberté du vote [1]. De plus, on y voyait que le montant des impositions des électeurs entrait en ligne de compte dans le résultat du scrutin [2], et bien que ce retour offensif du système censitaire fût plutôt une apparence qu'une réalité, car en aucun cas il ne faisait prédominer l'argent sur le nombre, cet enfarinage réactionnaire suffit pour faire écarter le bloc tout entier. Cependant, plusieurs députés républicains, M. Ferroul entre autres, votèrent la prise en considération afin de bien montrer que, s'ils se réservaient de discuter le texte de la loi, ils n'en repoussaient pas le principe [3]. M. Pelletan,

1. Art. 3. « Tout contribuable inscrit au rôle d'une des quatre contributions directes de la commune est appelé à exprimer son avis par un bulletin portant ses nom et prénoms et la mention « oui » ou « non », sans autre observation. »

2. Art. 5. « Si la moitié plus un des contribuables, représentant les deux tiers du montant des rôles, ou les deux tiers des contribuables représentant plus de la moitié du montant des rôles se sont prononcés contre le projet, il est considéré comme repoussé et l'administration supérieure ne peut y donner suite, à moins qu'il ne s'agisse d'une dépense légalement obligatoire.

« Si au contraire, les oppositions contre le projet ne réunissent ni l'une ni l'autre de ces majorités, il est réputé admis. » Proposition de M. de Mackau.

3. « Messieurs, je serai très bref; je viens déclarer au nom de quelques-uns de mes amis et au mien, que nous

d'autre part, tout en repoussant la prise en considération, se réserva formellement sur le fond[1]. Enfin, d'autres, comme M. Maurice Faure, semblèrent presque s'engager à soutenir l'idée du Referendum le jour où un projet plus démocratique serait présenté[2]. En sorte qu'en repoussant le système de M. de Mackau, la Chambre n'a nullement condamné le Referendum en principe. Il est à supposer qu'elle eût été plus hospitalière, s'il se fût présenté costumé autrement qu'en censitaire; il est à espérer surtout que la Chambre de 1893 lui fera bon accueil, en le voyant venir du peuple d'où elle sera elle-même sortie.

sommes prêts à repousser la proposition de M. de Mackau, mais que, toutefois, nous voterons la prise en considération pour que la question soit discutée. Nous proposerons, par voie d'amendement, de donner le droit de vote dans le Referendum à tous les électeurs, etc... » (M. Ferroul.)

1. « Je fais toutes mes réserves sur le fond de la question. » (M. Pelletan.)

2. « Voilà pourquoi, Messieurs, *quoique partisan d'un Referendum limité aux questions municipales*, organisé et fonctionnant dans certaines conditions, nous voterons sans hésitation contre la proposition de M. de Mackau... » (M. Maurice Faure. Discours.)

V

PETIT BONHOMME VIT ENCORE

« On ne bâillonne pas la lumière, » a dit Victor Hugo. Une Chambre enterre un projet, mais n'enterre pas une idée. Malgré le vote du 16 juin 1890, chaque fois qu'une difficulté insoluble se présente dans un conseil municipal, on pense au Referendum. En novembre 1890, le conseil de Romans (Drôme), ne sachant trop s'il devait transformer en caserne un lycée qui avait coûté fort cher et ne rapportait rien, les journaux proposèrent de faire voter par *oui* ou par *non* les électeurs sur cette question : *Faut-il donner au collège une autre affectation*[1] ? Dans le même département, en juin 1892, le conseil de Valence, désapprouvant l'emplacement choisi pour la construction d'une nouvelle mairie, mais n'osant abandonner une bâtisse qui avait déjà coûté 100,000 fr.,

1. Voir l'*Impartial* de Romans du 26 novembre 1890.

émit l'idée de soumettre à tous les contribuables un questionnaire où il leur demanderait leur avis [1]. Traversons la France. Dans les Côtes-du-Nord, le gouvernement avait envie de rattacher une section de la commune de Corseul à la commune de Saint-Michel; il inventa, pour connaître l'opinion des habitants, de pratiquer une espèce de Referendum qui d'ailleurs lui donna tort [2]. Allons au Midi : le 3 mars 1891, le *Petit Courrier* de Biarritz publiait pour trancher une question pendante des bulletins ainsi conçus : Je vote *pour*, *contre* la mise à l'étude immédiate d'un projet relatif à la construction d'une salle de spectacle. Ces Referendums n'aboutissaient pas à cause des ordres sévères donnés aux préfets pour empêcher toute manifestation directe de l'opinion publique. Mais chassé par la porte, le Referendum rentrait par la fenêtre. Expulsé de la Commune, il s'insinuait dans le journal. Le 17 mars 1891, une grande discussion s'étant élevée dans le monde scolaire sur la question de savoir si les vacances devaient être avancées au 14 juillet pour prendre fin au 10 septembre, ou être maintenues dans l'état actuel, et chacune de ces opinions prétendant avoir pour elle la majorité des parents, le

1. Voir la *Revue de la Drôme* du 10 juin 1892.
2. Voir le *Soleil* du 3 février 1891.

Petit Journal consulta ses lecteurs qui se chiffrent, comme on le sait, par millions, et publia des bulletins portant ces mots : « Oui, je suis partisan de l'avancement des vacances au 14 juillet. Non, je ne suis pas partisan de l'avancement des vacances au 14 juillet. Je désire le maintien de l'état de choses actuel. » Il arriva 101,921 bulletins dont le dépouillement donna comme résultat 91,007 *oui* contre 9,914 *non* [1]. L'idée prit tout de suite dans la presse. Le 24 mars, le journal *la France* posa à ses lecteurs cette question : *Faut-il évacuer le Tonkin?* et reçut 10,000 réponses, dont 2,700 *oui* et 7,300 *non*. On vit alors pratiquer les Referendums les plus invraisemblables : celui de l'*Universel illustré* sur la moralité des annonces, celui de la *Presse* sur la question des courses : *Faut-il l'interdiction de tous les jeux?* le Referendum des auteurs dramatiques : *Êtes-vous pour les répétitions générales?* Passé de France en Belgique, le Referendum gagnait le monde commercial. La Chambre de commerce d'Anvers mettait en circulation le questionnaire suivant : *Quelle heure vous parait la meilleure pour la tenue de la bourse? Est-ce 1 h. 1/2 à 2 1/2, 1 3/4 à 2 3/4 ou 2 à 3? — Faut-il, à la fin de la bourse, ouvrir les portes*

1. Veut-on quelques exemples locaux de ce scrutin? Le Nord donna 2,930 oui contre 268 non; le Cher, 334 oui contre 45 non; la Drôme, 105 oui contre 75 non.

toutes larges? — Faut-il rétablir l'amende pour rentrée tardive? Du monde commercial, le Referendum s'introduisait dans le monde ouvrier. Le 25 octobre 1891, en pleine grève des mineurs du Pas-de-Calais, un syndical organisa un Referendum pour savoir si la majorité des ouvriers était disposée ou non à reprendre le travail. L'industrie houillère occupe dans ce pays 40,000 hommes. Dans les 120 sections syndicales du département, des bulletins doubles furent distribués portant ces mots : *Reprise du travail — Grève générale.* 29,000 ouvriers furent ainsi consultés. A Lens, le résultat fut 5,160 voix pour la grève contre 1,968 pour le travail; à Arras, 2,697 pour la grève contre 1,074 pour le travail, etc.

L'idée référendiste, ainsi entrée dans le parti ouvrier, y a fait son chemin, car le 17 avril dernier, lors de la grève d'Amiens, une des principales causes de la cessation du travail ayant été, dit-on, la constitution de caisses de retraite et d'économat, on consulta là-dessus les ouvriers par voie de Referendum; le premier mai un autre Referendum a eu lieu à Bordeaux pour résoudre cette question, jugée très différemment par la commission parlementaire et par le syndical ouvrier, si, oui ou non, les ouvriers de Bordeaux sont hostiles à la journée de huit heures et à la fixation d'un minimum de salaire. Assurément ces votations populaires s'éloignent fort, par leur objet et par leur méthode, de celle qu'ici nous proposerons; mais ne démontrent-elles pas que l'idée de consulter les électeurs directement sur les *choses* qui les intéressent plutôt que sur les *personnes* qui les gouvernent n'a cessé de faire en France des progrès?

A l'étranger, du reste, il n'en est pas autrement. Regardons en Allemagne : dès 1881, M. de Bismarck, désirant savoir si les ouvriers et les patrons allemands étaient en majorité favorables à l'interdiction du travail le dimanche, fit faire une enquête qui s'inspire du même principe que le Referendum et qui, minutieusement conduite pendant deux ans, donna des résultats directement contraires à ceux que le chancelier de fer en attendait [1]. Regardons en Italie : dès 1889, la municipalité de Milan interpellait directement les pères de famille en leur demandant si l'enseignement religieux devrait figurer ou non dans le programme des écoles publiques et recueillait

1. Les travaux de l'enquête ont duré deux ans et ce n'est qu'à la fin de 1887 que le rapport général a pu être soumis au Reichstag; on devait consulter les organes existant de l'industrie, les chambres de commerce, les sociétés industrielles, les corporations et enfin les ouvriers eux-mêmes et leurs représentants. Le verdict a donné raison au Parlement et s'est prononcé pour le repos légal du dimanche. D'après les communications elles-mêmes du

27,515 votes dont 25,380 *oui*, ce qui indiquait clairement les intentions de la majorité. Regardons en Belgique : le 2 février 1892, le gouvernement de M. Beernaert proposait dans sa déclaration sur la revision constitutionnelle, d'accorder au roi le droit d'en appeler, *ad referendum*, au peuple, et un parti important soutenait cette motion. Regardons en Angleterre : un referendum sur la journée de huit heures vient d'avoir lieu dans le comté de Durham et 40,000 travailleurs y ont pris part, rejetant les 3-8 par 28,217 *non* contre 12,684 *oui ;* en ce moment même on parle à la Chambre des lords de soumettre le débat du *home rule* à un Referendum national et l'on vote à la Chambre des communes un *bill* permettant aux paroisses de consulter la population par voie de Referendum sur l'opportunité de fermer tout ou partie des cabarets dans chaque village. Revenons en France enfin et au Referendum communal, le seul dont il s'agisse ici. Il n'y a pas plus de six mois, le Conseil municipal de Paris, après un rapport de M. Brousse et une assez longue dis-

gouvernement impérial, l'interdiction absolue ou restreinte a été reconnue possible par 67 p. 100 des patrons, 75 p. 100 des ouvriers dans la grande industrie ; par 59 p. 100 des patrons et 73 p. 100 des ouvriers dans la petite industrie ; par 68 p. 100 des patrons et 68 p. 100 des ouvriers dans le commerce. Voir Léon Lefébure, *Le Devoir social.*

cussion, décidait, par 32 voix contre 30, de soumettre aux électeurs la question de savoir si la Ville prorogerait son traité avec la Compagnie du gaz en exigeant un abaissement de tarif, ou si elle resterait libre de contracter avec tout autre, lorsque le traité actuel serait expiré[1]. Que M. Poubelle ait jeté les hauts cris, cela s'entend de reste. Mais l'idée n'en était pas moins consacrée par un Conseil municipal qui occupe une assez grande place en France et qu'on ne saurait, à tout le moins, accuser de réaction.

1. Voici le texte de la décision adoptée :

« Avant d'émettre son vote décisif sur l'ensemble du projet de convention, une enquête par oui ou par non aura lieu dans les sections électorales municipales. Cette enquête, à laquelle prendront part tous les électeurs inscrits, sera organisée par les soins du bureau du Conseil. » Voir, pour plus de détails, le rapport de M. Paul Brousse, au nom de la troisième commission, et la discussion qui a suivi. *Bulletin municipal officiel de la ville de Paris* du 21 nov. 1892.

VI

L'EXPÉRIENCE DES « RÉPUBLIQUES-SŒURS »

Comme cet autre avait découvert la Méditerranée, les gens de Cluny et de Riom ont donc découvert le Referendum. On peut sourire de cette circonstance. Elle sera pour tous les esprits pratiques l'indice que le Referendum communal est bien une plante qui convient à notre sol, puisque, sans y avoir été semée à grands frais par les sociologues, sans avoir été entretenue par les clubistes, engraissée dans les « soupes-conférences », entourée d'une grille par la police, échenillée par l'administration, arrosée avec l'argent des contribuables, elle a poussé un peu partout en dépit des coups de vent contraires qui ont soufflé du Palais-Bourbon comme de la place Beauvau.

Il a été expérimenté sans parti pris, ni plan préconçu et avec même si peu d'uniformité de vues et de moyens, qu'ici on a fait voter les femmes et que là, on a fait signer les bulletins ; par conséquent on est bien obligé de lui reconnaître, quand même on lui ôterait tout autre mérite, celui de la spontanéité et la vertu des choses qui poussent toutes seules, sans ordre, mais avec sève, la vie. Cependant il est juste de rappeler que ce n'est pas nous qui, les premiers, avons cultivé le Referendum et de nous instruire à l'expérience de ceux qui l'ont expérimenté avant nous.

On sait ce que c'est que le Referendum suisse. En Suisse, lorsqu'un certain nombre de citoyens (50,000) demandent la revision de la Constitution, sur tel ou tel point, les Chambres sont obligées de se mettre au travail, de modifier l'article attaqué et de soumettre la nouvelle rédaction au peuple tout entier qui, par *oui* ou par *non*, le rejette ou l'approuve ; le vote se fait au scrutin secret le dimanche, comme chez nous. De même, s'il prend fantaisie aux représentants de modifier de leur propre initiative une loi constitutionnelle, il leur faut obtenir ensuite la sanction du peuple qui décide en dernier ressort. Voilà pour ce qui touche à la Constitution [1].

Maintenant si nous passons aux lois ordinaires, celles que l'on fait et défait tous les jours, —

1. Art. 118 à 123 de la Constitution fédérale du 29 mai 1874, modifiée par l'arrêté fédéral du 8 avril 1891.

lois sur les patentes, sur la vaccination, sur la poursuite pour dettes et faillites, sur les pensions de retraites, etc., l'intervention du peuple n'est plus obligatoire. Une fois votée par les représentants, la loi est née viable et n'a pas besoin du baptême du suffrage universel. Seulement — il y a un seulement — si dans les trois mois, un certain nombre de mécontents (30,000) demandent qu'on la soumette au peuple, le gouvernement est obligé de s'exécuter, et si la majorité répond *non*, la loi est à vau-l'eau. Que si, au contraire, l'opposition laisse passer le délai de trois mois sans réunir les 30,000 signatures nécessaires pour exiger l'appel au peuple, la loi est définitivement promulguée et seules les Chambres pourront désormais la modifier [1].

Ainsi donc sur le terrain constitutionnel, le Referendum est obligatoire pour toute innovation et il doit être appliqué même aux anciennes lois si 50,000 citoyens le réclament. Sur le terrain législatif, le Referendum n'est appliqué qu'aux innovations et encore faut-il que 30,000 citoyens le demandent dans un certain délai. Le Referendum constitutionnel est pour le gouvernement un hôte indiscret qui force la porte à l'improviste et se

1. Art. 89 et 90 de la Constitution fédérale. L'article 90 établit les règles dans lesquelles l'appel au peuple doit être demandé et fait.

fait servir, tandis que le Referendum législatif n'est qu'un fâcheux qui se met à table si l'on donne à dîner. Lorsqu'on ne donne pas à dîner, on n'a pas à redouter ses visites. Encore trouve-t-on toutes sortes de prétextes, si l'on dîne, pour l'évincer du festin. Il est entendu, d'après la constitution, que les simples *arrêtés* ne sont pas soumis au Referendum. On sait que Boireau mangeait tous les jours une côtelette, mais le vendredi, comme il voulait respecter les préceptes de l'Église, il disait à sa côtelette : « Tu es une carpe. » Lorsque les députés ont fait une loi qu'ils ne veulent pas soumettre au Referendum, ils la baptisent *arrêté*[1]. Ainsi les traités avec les États étrangers, le budget annuel, les crédits pour l'acquisition du matériel de guerre, etc., sont choses où, par ce moyen, le bonhomme Referendum ne peut mettre le nez.

N'envisageons plus l'État. Regardons le Canton. Dans chaque canton suisse, il y a un petit gouvernement particulier, comme dans chacune de nos communes il y a un conseil municipal. Chaque canton a sa constitution et fait ses lois. Là aussi, dès qu'un certain nombre d'électeurs le demandent[2],

1. Message du Conseil fédéral sur la loi du 17 juin 1874 sur les votations populaires.

2. Chaque canton fixe le nombre de signatures que les partisans d'une réforme constitutionnelle doivent recueillir : pour le canton de Berne, c'est 8,000; au Tessin,

les représentants sont obligés de reviser tel ou tel article de la constitution et de soumettre cette revision au peuple. Quant aux lois nouvelles, dans certains cantons elles ne sont valables qu'après avoir passé à l'épreuve du Referendum [1]; dans d'autres, elles ne sont soumises au Referendum que si un certain nombre de pétitionnaires le désirent [2]. Mieux que cela. Dans beaucoup de cantons, non seulement les électeurs peuvent rejeter les lois qui leur déplaisent (droit de *veto*), mais ils peuvent proposer directement telle loi qui leur plaît (droit d'initiative) [3] et même, dans certaines régions, s'ils sont mécontents de leurs représen-

7,000; c'est 5,000 dans les cantons de Lucerne, de Zurich, d'Argovie et des Grisons; 3,000, à Neuchâtel et Soleure; 2,000, à Schwytz; 1,000, à Zug et à Schaffhouse.

1. Dans les cantons de Zurich, Berne, Schwytz, Soleure, Grisons, Argovie, Thurgovie et Valais et dans le demi-canton de Bâle-Campagne.

2. Dans les cantons de Lucerne, Neuchâtel, Genève, Zug, Schaffhouse, Saint-Gall et Vaud et dans le demi-canton de Bâle-Ville.

3. Dans les cantons de Zurich, Lucerne, Uri, Unterwald (Obwald et Nidwald), Glaris, Zug, Soleure, Bâle-Ville, Schaffhouse, les deux Appenzell, Grisons, Argovie, Thurgovie, Vaud et Neuchâtel. — Voir *Das Volksinitiativrecht nach den schweizerischen Kantons-verfassungen*, von Dr Jur. Albert Keller, Zurich, 1889.

Dans ces cantons, l'initiative se présente sous trois formes : l'initiative individuelle ou collective qui s'exerce au moyen d'une proposition soumise à la landsgemeinde; l'initiative restreinte à la revision constitutionnelle; l'ini-

tants, faire demander au suffrage universel par voie de Referendum si, *oui* ou *non*, il désire que les députés donnent leur démission [1].

Enfin, dans quelques-uns de ces cantons, les plus petits [2], le peuple se réunit une fois l'an en plein champ et là, au nombre de trois mille, quatre mille, cinq mille hommes, il nomme ses fonctionnaires et accepte ou rejette les lois qui lui

tiative appliquée à l'ensemble du domaine de l'activité législative.

1° *Initiative à la landsgemeinde.* — Dans les cantons à landsgemeinde, un simple citoyen peut proposer une loi qui est transmise au grand conseil (Landrath) qui délibère et soumet la loi au peuple réuni, dans la landsgemeinde.

2° *Initiative restreinte à la revision constitutionnelle.* — Dans les cantons de Lucerne et de Zug, le droit d'initiative est restreint à la demande d'une revision constitutionnelle. Si 5,000 citoyens à Lucerne, 1,000 à Zug, adressent, au grand conseil une demande de Referendum sur un article de la constitution, le peuple doit être convoqué dans les quatre semaines.

3° *Initiative complète pour l'ensemble du domaine législatif.* — Enfin les cantons de Zurich, Soleure Bâle-Ville, Schaffhouse, Grisons, Argovie, Thurgovie, Vaud et Neuchâtel possèdent le droit d'initiative pour l'ensemble du domaine législatif. (Voir le projet sur le droit d'initiative présenté par M. Gavard, conseiller d'Etat au grand conseil de Genève, en janvier 1890.)

1. Par exemple à Lucerne, où 5,000 électeurs ont le droit de réclamer par pétition la révocation du grand conseil et l'élection d'un nouveau pouvoir exécutif.

2. Dans les cantons de Glaris, Unterwald (Obwald et Nidwald), des deux Appenzell et d'Uri.

sont proposées. L'assemblée est présidée par le *Landamann* ou chef de canton appuyé sur une épée « flamboyante » à deux mains, et entouré d'huissiers habillés en costumes du XVIᵉ siècle. Le vote se fait à mains levées et les huissiers les comptent un peu approximativement. Dans le doute, la loi est considérée comme rejetée, ou bien l'on fait défiler un à un les électeurs dans une église et on les compte au passage. Puis chacun rentre chez soi après avoir exercé ainsi sans intermédiaire la souveraineté et avoir exprimé sa pensée sans interprète. Cela s'appelle la Landsgemeinde et cela dure depuis six cents ans[1].

Du canton, passons à la commune. Examinons-la dans le canton de Berne, par exemple. Là, le peuple exerce plus souvent encore sa souveraineté directement, dans des assemblées composées de tous les électeurs. Bien qu'il choisisse pour expédier les affaires courantes des conseillers communaux, qui répondent à nos conseillers municipaux, il garde le droit de statuer en dernier ressort sur les affaires importantes : création d'emplois permanents et rétribués et fixation des traitements qui y sont attachés; acceptation ou modification de tous les règle-

1. Voir sur la tenue des *Landgsmeinde* à Sarnen et à Glaris l'intéressant récit du prince Roland Bonaparte (*Figaro* du 28 mai 1898).

ments communaux ; fondation d'églises, d'hôpitaux, etc., imposition des taxes communales, construction de bâtiments dont les devis dépassent le montant fixé par les règlements, ventes et achats de propriétés, emprunts, fixation du budget et approbation des comptes. Pour décider de tout cela, les électeurs se réunissent en assemblée communale environ trois fois par an : en mars, en mai et en octobre, par exemple. C'est en octobre qu'on examine le budget et qu'on fixe les impôts pour l'année suivante. Il peut y avoir d'autres réunions extraordinaires, soit sur la demande du préfet, soit sur celle du président de la commune, soit sur le vœu de trente électeurs [1]. Chaque citoyen peut y prendre la parole et y faire les propositions qui lui plaisent.

Dans les communes où le peuple ne délibère pas lui-même sur les affaires, les dépenses sont ordinairement soumises à son acceptation par voie de Referendum, dès qu'elles dépassent un certain chiffre.

Traversons l'Atlantique. Aux États-Unis — autre République — le décor change, la méthode et les institutions ne sont plus les mêmes, cependant la consultation du suffrage universel sur les

1. Voir par exemple sur la vie municipale de la commune de Grindewald, sir Francis Ottivell Adams : *La Confédération suisse*, 1890. Traduction de Henry G. Loumyer

choses qui le touchent autant que sur les *hommes* qui le représentent, c'est-à-dire suivant l'expression du président Lincoln au cimetière de Gettysburg : « le gouvernement du peuple par le peuple », est à la base sinon de toutes les organisations, du moins de l'organisation communale. D'abord, la constitution de chaque État ne peut être changée que par le peuple. De plus, certains États (Illinois, Caroline du Nord, Wisconsin, Yowa, Ohio, Kansas, Michigan) prescrivent ou permettent le recours au peuple dans quelques cas, notamment s'il s'agit d'imposer une taxe exceptionnelle. Mais c'est dans les affaires municipales que le peuple intervient le plus directement. La commune n'est pas, comme chez nous, bâtie partout sur le même type. Là où existe ce qu'on appelle le *borough* et là où fonctionne ce qu'on appelle le *county-system*, le pouvoir est, comme en France, entre les mains de conseils qui s'inspirent plus ou moins des vœux de la population. Mais là où existe la *Town*, comme dans la Nouvelle-Angleterre et spécialement dans le Massachusetts, les citoyens administrent en personne leurs propres affaires locales dans des assemblées communales, *town-meetings* [1]. Chaque

1. Voir *The general statutes of Massachusettss*, 1866, tit. VII, ch. XVIII, XIX, et *The supplement to the general statutes*, 1866.

année il y a un *town-meeting* obligatoire qui se tient en février, en mars ou avril, dans lequel on nomme tous les fonctionnaires et l'on arrête les comptes de ceux chargés du maniement des fonds. Chacun peut y prendre la parole, mais on n'émet de vote définitif que sur les questions inscrites d'avance au programme et préalablement étudiées. Après les affaires, on profite de ce qu'on est réuni pour se divertir un peu et les *pains d'épices des town-meetings* sont restés fameux dans le souvenir de tous les vieux *Yankees*. Outre cette réunion traditionnelle, les *selectmen*, ou « hommes choisis » pour administrer la commune, doivent convoquer le peuple toutes les fois qu'une affaire exceptionnelle réclame l'urgence. « Si les selectmen refusaient injustement de convoquer un meeting, tout juge de paix peut donner l'autorisation, à la demande de dix électeurs ou d'un plus grand nombre, par un *warrant* délivré par lui au constable ou à défaut de constable à toute autre personne, pour être notifié par elle aux habitants [1]. » Ce système est employé depuis fort longtemps dans les États de la Nouvelle-Angleterre [2]. Ailleurs, par exemple dans l'État

1. Carlier. *La République américaine aux États-Unis*, t. III.

2. Dans le Connecticut la loi veut maintenant que le *town-meeting* se tienne en octobre, novembre ou décembre

de New-York, dans l'Illinois, etc., les affaires de la commune sont réglées par un conseil élu : le *board of supervisors*, et ce système que l'on appelle le *Township* semble aux républicains de là-bas le comble du régime représentatif. Cependant, même dans le *Township*, le peuple a plus de part aux affaires que chez nous, car le comité des *supervisors* n'a le droit d'autoriser la commune à s'imposer extraordinairement jusqu'à concurrence de 1,000 dollars dans une année, pour travaux publics, que si ces taxes nouvelles sont régulièrement votées dans un meeting par le peuple directement consulté. C'est le Referendum [1].

Donc, dans la République suisse, qu'il s'agisse de la Constitution, qu'il s'agisse d'une loi ordinaire, qu'il s'agisse d'une loi cantonale, qu'il s'agisse d'une grosse dépense communale, d'un emprunt ou d'un impôt, le peuple est consulté directement par ses élus. Dans la République américaine, un grand nombre de communes sont administrées par les électeurs réunis en assem-

et des *meetings* spéciaux peuvent avoir lieu quand les selectmen le jugent nécessaire ou que vingt habitants le réclament. Voir *The River Towns of Connecticut*, by Charles-N. Andrews. Baltimore, 1889.

1. Voir *Samuel Adams, the Man of the town-meeting*, by James K. Hosmer A. M. (Baltimore, 1884), qui appelle le Town-meeting « la cellule primordiale du corps politique » aux États-Unis.

blées populaires; dans beaucoup d'autres, le peuple est appelé à se prononcer dès qu'il s'agit d'une affaire importante. La Suisse et les États-Unis songent-ils à réformer là-dessus leur législation? Nullement. Ils y songent si peu, qu'en Suisse la loi de 1891 vient de donner une nouvelle extension au droit d'initiative populaire et qu'un fort courant se manifeste en faveur du Referendum obligatoire. Ceux mêmes qui repoussent l'idée du Referendum obligatoire tiennent énergiquement au Referendum facultatif, et M. Spuller ayant insinué dans la *République française* que les Suisses n'avaient pas déjà tant à se louer eux-mêmes de l'usage du Referendum pour le recommander aux Français, voici ce que le *Journal de Genève* lui répondait, en juin 1890, avec l'autorité que donne l'expérience de quarante années : « Nous ne croyons pas que la Suisse ait jamais songé à donner des conseils à personne; mais lorsque M. Spuller affirme que « les Suisses n'ont pas déjà tant à se louer du referendum », nous serions curieux de savoir auprès de quels Suisses il a pu se renseigner? Non seulement la Confédération, comme telle, se loue beaucoup de ce moyen de contrôle ou d'appel au souverain qui a résolu à l'amiable bien des conflits, a dénoué des situations difficiles, mais les cantons ont, l'un après l'autre, appliqué à leurs constitutions particulières cette soupape de sûreté qu'ils ont trouvée d'un usage pratique et à laquelle ils se garderaient de renoncer. Même ceux qui s'y montraient hostiles au début, s'y sont convertis en la voyant fonctionner. »

Il est donc permis de dire que l'expérience des « Républiques-sœurs » s'est hautement prononcée en faveur du Referendum. Il y a aussi dans nos communes de ces « conflits » et de ces « situations difficiles » dont parle le *Journal de Genève*. L'institution qui les résout et les dénoue à l'amiable chez nos voisins ne rendrait-elle pas les mêmes services chez nous ?

VII

CE QUE NOUS VOULONS

Nul ne pense à copier servilement en France ce qu'on fait dans les Républiques-sœurs. Il ne s'agit ni d'organiser le gouvernement direct de la commune par le peuple, comme dans les *towns* américaines, ni de rendre le Referendum obligatoire, comme dans les cantons suisses. Nous ne rêvons pas de voir les électeurs de Paris se rassembler sur la pelouse de Longchamps comme ceux du canton d'Unterwald-le-Haut, et là, flanqué de quatre huissiers barbus habillés en cent-suisses, M. Poubelle, brandissant une épée « flamboyante » à deux mains, demander au peuple ce qu'il pense de la répartition de l'eau de Seine. Nous ne voulons pas davantage des assemblées populaires où se complaisent les *yankees*, et où l'on règle, en un tour de main, les affaires de la *town*. Ce sont là, disent dédaigneusement certains opportunistes, « choses d'Amérique ». Soit. Les cépages qui nous donnent du vin en sont aussi, et à la vérité il semble assez étrange que des gens qui ont toujours à la bouche le mot de « Républiques-sœurs » s'indignent si l'on vient leur parler de suivre l'exemple de ces sœurs tant aimées, tandis qu'ils s'extasient volontiers devant « la poigne » de tel ministre de l'Intérieur qui assurément prend ses modèles plutôt dans les monarchies d'outre-Rhin que dans les Républiques d'outre-monts ou d'outre-mers. Cependant de ce qu'une chose est bonne dans une République il ne s'ensuit pas qu'elle doit être adoptée dans une autre. Aussi n'ai-je rappelé ce qui se passe ailleurs qu'afin d'éclairer du plus de lumière possible ce qui a lieu chez nous. Mais ce que nous voulons faire en France, ce n'est pas d'innover, ce n'est pas de créer, ce n'est pas d'importer, ce n'est pas d'imaginer, ce n'est pas de copier, ce n'est pas de prescrire quoi que ce soit. C'est tout simplement de laisser se développer librement le mouvement spontané, le mouvement national qui s'est manifesté en 1888 et en 1889 dans un certain nombre de communes et qui, à toute heure, tend à reprendre sa marche et n'en est empêché que par les entraves du gouvernement. Il ne s'agit pas de réformer nos mœurs politiques, mais de leur donner une liberté plus grande. Il ne s'agit pas de créer un courant, mais d'ôter un barrage. Cette consultation populaire que nous avons montrée naissant tout naturellement des circonstances en Normandie comme en Auvergne, dans le Charolais comme en Périgord, ce n'est pas plus le Referendum suisse qui est politique, obligatoire et cantonal, que les assemblées des *towns* qui sont des réunions électorales autant que législatives ; ce n'est pas plus une *landsgemeinde* qu'un *town-meeting*. C'est une denrée française, venue sur le sol français — ressemblant, je l'avoue, aux institutions des Républiques qui ont précédé la nôtre dans les voies de la démocratie — mais qui n'a rien d'étranger, ni d'étrange, rien d'exotique, ni d'excentrique. Répondant à des besoins nationaux, ce Referendum s'organise tout naturellement pour cadrer avec les institutions nationales. Nous en avons le germe, comme le dit très bien M. Paul Deschanel[1] dans les enquêtes *de commodo et incommodo*, prescrites par le préfet dans certains cas, par exemple lorsqu'il s'agit pour une commune d'acquérir, d'aliéner ou d'échanger une propriété immobilière, lorsqu'il y a lieu de prononcer l'utilité publique pour des travaux à entreprendre, etc. L'enquête *de commodo et incommodo* va même jusqu'au Referendum obligatoire, puisque la loi enjoint parfois au préfet de con-

1. La réforme administrative. (Le *Temps*, 10 janv. 1891.)

sulter la population lorsque l'enquête est demandée par le tiers des électeurs de la commune[1]. Or ce qu'un fonctionnaire salarié par le gouvernement doit faire dans certains cas, pourquoi les conseillers municipaux, élus du Peuple, ne pourraient-ils pas le faire dans tous? Et cette consultation des électeurs qui s'opérant en présence d'un commissaire enquêteur intimide les petits, les pauvres, pourquoi ne serait-il pas permis de l'opérer au scrutin secret, selon la coutume démocratique et libérale de nos élections? Ce que nous voulons; c'est donc simplement une légère extension des pouvoirs municipaux, c'est un pas de plus dans la voie libérale ouverte par la loi du 5 avril 1884, c'est une facilité nouvelle pour un corps élu de mettre en harmonie ses actes avec les idées de ses électeurs, c'est, en un mot, LA LIBERTÉ POUR LE CONSEIL MUNICIPAL DE CONSULTER LE SUFFRAGE UNIVERSEL, QUAND IL LE JUGE UTILE.

Un point, c'est tout. Est-ce là quelque chose de si révolutionnaire, dirai-je aux conservateurs? Est-ce là quelque chose de si rétrograde, dirai-je aux républicains? Est-ce quelque chose d'énorme,

1. Voir les articles 3 et 4 de la loi du 5 avril 1884 et les circulaires ministérielles aux préfets, du 20 août 1825 et du 15 mai 1884.

de monstrueux, d'effrayant et d'outrecuidant? dirai-je aux chevau-légers du « régime représentatif ». Voyez-vous que ce régime subisse une grave atteinte, parce qu'on donne un droit de plus aux représentants?

Entendez bien ceci : le conseil municipal n'est obligé à rien dans aucun cas, mais, dans toutes les questions qu'il est apte à trancher lui-même, il est libre de prendre l'avis de la population. Il va sans dire qu'il ne peut prendre cet avis sur des questions politiques, puisqu'il n'a pas à en connaître. Il va sans dire qu'il ne peut déléguer à la population plus de droits qu'il n'en possède lui-même. Notre proposition n'est donc pas un engin politique, puisque ce Referendum ne doit porter que sur des questions communales ; ce n'est pas une atteinte au régime représentatif, ni à l'autorité des conseils municipaux, puisque, en aucun cas, le Referendum ne peut être exigé par les électeurs et que c'est le conseil lui-même qui y a recours à son gré ; ce n'est pas le rétablissement, sous une autre forme, de l'adjonction des plus fort imposés, puisque la réponse est faite par le suffrage universel tout entier. Enfin ce n'est pas, sous un masque bénin, le mandat impératif, puisque le conseil municipal ne fait appel au Referendum que lorsqu'il lui plaît et ne prend en aucune façon l'engagement de s'y soumettre. C'est tout bonnement une liberté de plus que nous demandons pour les municipalités et sur ce terrain, — le seul que nous désirions qu'on nous concède, — nous défions les objections.

VIII

LES OBJECTIONS. — L'ÉLECTEUR EST-IL CAPABLE D'USER DU REFERENDUM?

Pour repousser le Referendum, ses adversaires argumentent, avant tout, de l'incapacité des électeurs. « Les Français, disent-ils gravement [1], sont dans un état d'infériorité flagrante quant à l'enseignement. » Les électeurs qui seraient appelés à se prononcer sont « sans aucune instruction » ; « ils ne peuvent voter librement et intelligemment » ; d'ailleurs : « les masses sont influencées bien plus par la passion que par la raison, etc... » Ah ! ils nous la baillent belle ! Eh quoi, ces électeurs que vous trouvez trop ignorants pour décider de l'utilité d'une école ou d'une caserne ou du meilleur emplacement pour le marché aux

1. Rapport au nom de la commission, chargée de statuer sur prise en considération de la proposition de loi de M. de Mackau. Paroles citées dans la séance du 16 juin 1890.

bœufs, dont ils savent au moins approximativement ce que cela coûte et ce que cela rapporte, vous les estimez assez fins, assez avisés, assez profonds psychologues pour deviner ce que la cervelle d'un représentant, que dis-je ? ce que les cervelles de quarante-deux candidats aux fonctions municipales contiennent d'idées justes ou fausses, bonnes ou mauvaises, exactes ou erronées, pratiques ou chimériques ! Ces mêmes gens que vous dites incapables de statuer directement sur une chose, vous les croyez aptes à choisir entre une multitude de personnes celles qui le mieux géreront leurs intérêts et défendront leurs prérogatives, comme si, d'accorder sa confiance à vingt et un hommes, qu'on ne connait pas toujours, ce n'est pas plus grave que de décider de l'emplacement d'une mairie ou du jour du marché? Depuis quand la psychologie politique, c'est-à-dire l'art de deviner les aptitudes, de jauger les capacités, de peser les tempéraments, de sonder les caractères, est-elle devenue une science plus facile et plus répandue que la simple connaissance d'une question communale mise sous les yeux du public? Par quel biais viendrez-vous soutenir que les électeurs qui peuvent faire l'un, ne peuvent pas faire l'autre? Ils le peuvent cependant et nos institutions en font foi, car lorsqu'une commune choisit ses conseillers municipaux, elle choisit à la vérité des hommes, mais c'est pour que ces hommes fassent des choses. Elle vote donc sur des choses. Lisez, pour vous en convaincre, les kyrielles de projets indiqués sur les programmes des candidats. Il y a donc là un Referendum. Seulement c'est un Referendum indirect, compliqué, encyclopédique, sur vingt, trente projets à échoir dans les quatre années suivantes, un Referendum de prévisions, d'éventualités qu'il faut imaginer, de dépenses qu'il faut prévoir, de décisions multiples qu'il faut préparer ! — Ce Referendum-là, vous croyez que le peuple est capable de le faire. Mais si plus tard, au moment où l'un de ces projets arrive à exécution, où il ne s'agit plus de dix ou de vingt affaires, mais d'une seulement, où l'on ne statue plus sur une dépense vague mais précise, où il n'est plus besoin d'escompter, mais de compter, ni de se figurer les choses par l'imagination, mais de les regarder tout bonnement là, devant soit, avec les yeux, — alors le peuple n'est plus capable selon vous ! Le même homme qui était habile à faire une chose extrêmement compliquée devient impuissant à en faire une très simple. Et ce même électeur, ce pape infaillible d'un jour, — le jour où il se donne des maîtres, — ce cerveau puissant et divinateur auquel les professions de foi reconnaissent, en temps d'élections, toutes les facultés, toutes les vertus, toutes les aptitudes, devient au lendemain du vote cet esprit faible, « sans intelligence, sans aucune instruction », impuissant à se décider « librement et intelligemment » que nous dépeint en termes si cruels le rapport de la Commission à la Chambre des députés.

Et la question de lucidité ainsi tranchée par l'absurde, que dirons-nous de la question d'indépendance? — Nous dirons que statuant directement sur un intérêt, sur un fait, sur une proposition, sans avoir le souci de plaire à M. Un Tel ou de se venger de M. Un Tel, l'électeur est assurément plus dégagé de toute passion que s'il a à se prononcer entre des candidats. Qui oserait affirmer que mis en présence de figures sympathiques ou antipathiques, l'électeur n'est pas plus disposé à donner cours à son humeur que devant une froide question impersonnelle où l'intérêt seul se trouve en jeu? Qui oserait dire qu'on ne vote pas très souvent pour un candidat uniquement parce que sa figure revient, parce qu'il a rendu service, parce qu'il n'offusque personne ni par son train, ni par sa langue, ni peut-être par sa vertu, ou tout simplement parce qu'il est l'adversaire d'un autre dont on ne veut à aucun prix? — Les femmes à l'église, dit Mme de Girardin, ont toujours l'air de prier *contre* quelqu'un. — Ne serait-il pas légitime de supposer que fort souvent, dans un scrutin, l'électeur vote *contre* quelqu'un qu'il connait bien et dont il ne veut pas, plutôt que pour quelqu'un qui lui est fort indifférent et qu'il ne connaît guère? C'est cependant ce dernier qui est l'élu et qui sans savoir rien des intentions de ses électeurs, se trouve chargé de « traduire leur pensée », selon le mot de Gambetta au discours de Tours[1], et s'en acquitte parfois de façon à donner raison au proverbe italien : *traduttore, traditore.*

Mais ces considérations ne vous touchent-elles pas? Mettons que nous n'ayons rien dit. Mettons que l'électeur ne voie juste que lorsqu'il se donne des maîtres et qu'il soit myope au dernier degré lorsqu'il regarde, sous son nez, les lois ou les arrêtés que ses maîtres lui apportent. Cela ne nous embarrasse guère. Car il ne s'agit pas, dans le Referendum municipal, de demander à l'électeur une solution qui éclaire ses élus, mais simplement une opinion qui les départage. Il s'agit simplement de savoir de quel côté il penche, dans quel sens va sa volonté, son désir, voire même sa « passion » pour emprunter à M. Guillemet ce mot de prédicateur. Qu'on veuille bien se rappeler comment nous avons posé la question au début

1. « La France est maîtresse : elle dira ce qu'elle veut *en chargeant ses délégués de traduire sa pensée.* » Gambetta. Discours de Tours, 1881

de cet essai. Nous n'avons pas dit : lorsque le conseil municipal ne comprend rien à une question, il faut recourir au suffrage universel pour la lui expliquer. Nous avons dit : lorsque le conseil municipal est divisé en partis inconciliables et qu'il faut cependant quelqu'un pour les mettre d'accord ; lorsqu'il hésite à engager sa responsabilité par peur de l'inconnu et dans le doute de ce que pensera l'électeur ; lorsqu'en un mot la question n'est plus de savoir si tel projet est bon, mais s'il est populaire, ni s'il a pour lui la vérité, mais s'il a pour lui la majorité, alors il faut recourir au Referendum pour déterminer de quel côté se trouve cette majorité. Le Referendum n'est pas un instrument pour faire de la lumière, pas plus que le thermomètre n'est une machine à produire la chaleur, mais le Referendum est le meilleur moyen de savoir l'*opinion* comme le thermomètre qu'on met à sa fenêtre, de savoir *la température*. Et quand on ferait le suffrage universel dix fois plus sot qu'il n'est, quand on supposerait les électeurs cent fois plus ignorants que ne le dit le rapport de M. Guillemet, du moins voudra-t-on bien lui accorder, à ce pauvre suffrage universel, dont on est sorti pourtant et qui pourrait bien quelque jour vous répondre comme jadis ce comte d'ancien régime : Qui t'a fait roi ? ou : Qui t'a fait député ? il faut bien lui accorder qu'il dit ce qu'il pense quand on l'interroge directement et, comme ce qu'il pense est la seule chose qu'on ait besoin ici de savoir, — puisque c'est la seule chose qui soit en discussion, — il faut étendre jusque-là sa petite capacité!

Puis, en dernière analyse, n'oubliez pas que, si le contribuable est celui qui est ignorant, c'est aussi celui qui paie, que c'est celui qui peine, qui sert de « sujet » aux expériences budgétaires, qui souffre de vos prodigalités ou de vos parcimonies, Messieurs les Représentants, et que lorsque vous dites : « Est-il possible que les combinaisons d'*emprunts*, que les tarifs si compliqués de nos *octrois* soient votés par des hommes qui n'auront aucune idée des discussions, qui auront pu avoir lieu dans l'assemblée communale [1] ? » vous nous rappelez un peu ces chirurgiens qui s'étaient saisis d'un blessé et qui lui labouraient la cuisse de coups de bistouri, sans daigner prendre conseil de cet homme qu'ils considéraient, avec raison, comme ignorant des choses de leur art. Vlan! un coup de bistouri par-ci. Clic! un coup de bistouri par-là. — Pourquoi me découpe-t-on ainsi? finit par demander le blessé d'un air dolent, en tournant la tête. — Parce qu'il faut absolument

1. M. Guillemet. Discours. *Journal officiel*, 17 juin 1890.

extraire la balle, répondirent ces hommes savants.
— La balle! mais il y a bien longtemps que je l'ai retirée! Elle est dans la poche de mon gilet...

Le contribuable ressemble à ce soldat : il ne sait pas la chirurgie, mais il sait où est la balle, et, malgré toute son incompétence, il serait bon qu'il pût le dire quelquefois.

IX

LE REFERENDUM EST-IL UNE CAUSE DE TROUBLES?

Même parmi ceux qui reconnaissent bien au contribuable le droit d'être consulté sur les saignées qu'on pratique à sa bourse, il y a encore, surtout chez les conservateurs ou chez les opportunistes, un grand nombre d'adversaires du Referendum. Ce sont les timides, les effarés, les empêcheurs de voter en rond, ceux qui non seulement ne veulent rien faire, mais qui appréhendent tout ce qu'on fait, s'épouvantent de tout ce qu'on tente et passent leur vie accrochés aux basques de votre habit pour vous empêcher d'aller prendre l'air. Pour eux, tout est bien qui est. Plus heureux que Jérôme Paturot, ils ont trouvé « la meilleure des Républiques » : ne touchons à rien, ne dérangeons rien, n'ajoutons rien, n'usons de rien. Ne courez pas, ne sautez pas, ne marchez pas dans les plates-bandes, ne passez pas le long des haies et maintenant amusez-vous bien, mes enfants! A quoi bon, nous disent-ils, déranger les électeurs? Nécessairement ceux-ci seront de l'avis de leurs conseillers, puisqu'ils les ont choisis pour les représenter [1]. Cette assertion est fort aventurée. L'expérience a démontré au contraire que, suivant le mode de votation, ce sont des idées toutes différentes qui peuvent prévaloir. En veut-on un exemple topique?

Aux élections américaines de 1888, le programme de M. Cleveland, président sortant, programme libéral, fut approuvé par la majorité des électeurs, mais l'élection du président se faisant à deux degrés, les délégués eurent la parole en dernier lieu et, bien qu'élus par les mêmes citoyens qui avaient approuvé M. Cleveland, ils donnèrent la majorité à son concurrent M. Harrison.

Un autre exemple bien curieux à noter est celui-ci. On sait qu'en Suisse la nouvelle constitution a dû être adoptée à la fois au vote populaire et au vote du gouvernement de chaque canton. Or, au Tessin, le vote de la représentation légale ne fut nullement conforme au vote popu-

1. « Et d'ailleurs, est-ce que ce ne serait pas toujours l'influence des esprits éclairés qui prévaudrait? Croyez-vous que 10,000 ou 20,000 électeurs ne seraient pas toujours forcés de voter conformément à l'opinion d'un ou de quelques hommes spéciaux?... » M. le rapporteur. Séance du 16 juin 1890.

laire. Tandis que l'Assemblée tessinoise, où les radicaux avaient la majorité, se prononçait pour l'acceptation, en revanche dans l'assemblée populaire 12,207 voix contre 6,245 la rejetèrent.

D'ailleurs, ne sait-on pas qu'au pays du Referendum le peuple repousse très souvent les lois que ses élus ont adoptées? Consulté dix-neuf fois depuis 1874 sur les lois fédérales, c'est-à-dire sur les lois applicables à toute la Suisse, le suffrage universel a détruit treize fois l'œuvre de ses représentants[1]. Faut-il rappeler que le 18 mai 1879 le peuple a rétabli la peine de mort supprimée par les politiciens sentimentaux[2]? que le 11 mai 1884 il a abrogé la loi dite de Stabio faite à la hâte pour soustraire à l'action de la justice les révolutionnaires tessinois? que le 26 novembre 1882 il a cassé un arrêté fédéral prescrivant une certaine enquête scolaire qu'il jugea fatale pour la liberté des croyances? qu'en 1891 il repoussait par 340,000 *non* contre 90,000 *oui* la loi votée le

1. Voir *Statistisches Jahrbuch der Schweiz*, herausgegeben vom statistischen bureau des eidg. Department des Innern, 1892, chapitre XVIII, p. 297.

2. Pour plus de précision, ce que fit le Referendum du 18 mai 1879, c'est d'abroger la partie de l'article 65 de la la constitution de 1874, qui interdisait aux cantons d'inscrire la peine de mort dans leur code pénal. En fait, cela équivalait à la rétablir puisque Appenzell, Rh. Int., Obwald et Uri l'ont rétablie en 1880, Zug, Saint-Gall et Schwytz en 1882, Lucerne et Valais en 1883 et Schaffhouse en 1893.

26 septembre 1890 sur les pensions des fonctionnaires? Et quand j'aurai ajouté que dans le canton de Zurich durant la période de 1869 à 1882, le peuple a rejeté 31 fois les arrêtés ou lois votées par ses conseillers [1], n'aurai-je pas démontré, jusqu'à l'évidence, que le Referendum n'est pas un rouage inutile et que s'il a même en Suisse quelques adversaires ardents c'est bien plutôt parce qu'il agit trop contre leur gré, que parce qu'il n'agit pas assez?

Soit, noüs répondent les gens timides, mais n'existe-t-il pas mille moyens de manifester l'opinion publique sans recourir à une consultation populaire, qui dérange les électeurs et agite le pays. Eh! que demandez-vous que vous n'ayez déjà? N'avez-vous pas le droit de réunion, le droit de pétition, l'enquête *de commodo et incommodo?*

Assurément nous avons le droit de pétition, mais quiconque dira à quoi jusqu'ici ce bienheureux droit a pu nous être utile, rendra un grand service aux professeurs chargés d'expliquer à nos arrière neveux le jeu de nos institutions. La pétition n'indique presque jamais de quel côté penche la majorité, parce que bien des gens qui voteraient

1. Voir Niederer. Les votations populaires dans le canton de Zurich, depuis la constitution de 1869 jusqu'en 1882. *Zeitschrift für schweizerische statistik.* 1-2 *Quartal Heft*, Berne, 1882.

au scrutin secret n'osent signer. Quant aux réunions publiques, elles sont propres à agiter les questions, non à les résoudre ; quelques bavards y prétendent être les porte-voix de l'opinion, mais ils n'en fournissent aucune preuve et la question reste entière comme devant. Enfin, pour l'enquête *de commodo et incommodo*, que tantôt on nous dit très différente du Referendum lorsqu'il s'agit de combattre le principe de la consultation directe du peuple, et tantôt très semblable à lui lorsqu'il s'agit de la remplacer, tout le monde sait que cette enquête ne se prescrit que dans des cas assez rares et qu'il est plus rare encore que la population s'y rende en nombre. Tandis que les essais de Referendum à Cluny, à Riom, etc., ont rassemblé le maximum des votants ordinaires de ces localités; les enquêtes les plus suivies ne réunissent guère que le tiers ou le quart des électeurs. Mais le défaut ou, sinon le défaut, l'insuffisance du *commodo et incommodo* apparait clairement en ce que le Conseil municipal ne peut l'ordonner quand il lui plait. De plus, l'inconvénient tant reproché au projet Mackau : la signature du bulletin de vote, se trouve centuplée dans l'enquête *de commodo et incommodo*, puisque là, l'électeur est obligé de comparaître en personne devant le commissaire enquêteur, de donner ses raisons, puis de signer son vœu, ce qui fait que fort peu de gens osent user de ce droit.

Mais on n'en usera pas davantage de votre droit de Referendum, le jour où les scrutins seront devenus si nombreux qu'il faudra tous les dimanches déranger les électeurs pour les consulter tantôt sur le huc! et tantôt sur le dia! Cela, c'est un argument de Parisien qui ne veut pas manquer le train du matin pour Villeneuve-Saint-Georges. C'était aussi l'argument de M. Constans en sa circulaire, très soucieux d'épargner des « dérangements » aux citoyens et peut-être encore davantage à sa politique. Mais d'abord il convient d'observer que l'initiative du Referendum étant laissée au Conseil municipal, il n'est guère à craindre que celui-ci se dessaisisse tous les dimanches de son autorité pour en investir ses commettants. Ensuite, comme rien ne vaut l'expérience en pareille matière, il faut noter qu'en Suisse où les Referendums sont très fréquents, c'est précisément le contraire de l'indifférence politique qui se produit. Directement pris à partie dans la discussion des lois, le peuple s'y intéresse davantage, s'en informe plus souvent et, comme l'appétit vient en mangeant, il fait entendre sa voix d'autant plus volontiers qu'il la sait écoutée et obéie.

Eh! justement! s'écrient les gens d'humeur

douce et tranquille, vous allez bouleverser les communes avec votre Referendum! « Le Referendum municipal, dit M. Guillemet, ce serait l'agitation, la guerre perpétuelle! » — « L'agitation naîtra aussitôt, dit le *Temps*[1], et se maintiendra continuellement dans la commune. » M. Constans, lui aussi, parle d'agitation et de dérangement pour les électeurs. Observez d'abord combien les objections qu'on élève contre le Referendum sont contradictoires. On le combat d'abord comme inutile parce que, dit-on, les électeurs s'en désintéresseront et ensuite comme nuisible parce que les électeurs s'y intéresseront trop et se battront pour lui. Et en échange du Referendum qui, dit-on, troublerait la paix des communes, on nous offre... quoi donc! — des réunions publiques, des meetings! Dans son désir d'éviter aux électeurs du trouble et du « dérangement », M. Constans avertit les conseillers municipaux qu'ils peuvent, à la place du Referendum, « donner leur démission et faire le corps électoral juge de la question »[2]. Admirez ce palliatif, et dites en quoi il diffère du raisonnement de Gribouille qui voulait qu'on se jette à l'eau pour éviter d'être mouillé! Comment! vous craignez d'agi-

1. 16 juin 1890.
2. Circulaire ministérielle du 23 mars 1889.

ter le pays en faisant voter et vous nous proposez de remplacer ce vote par des meetings! Quoi! vous redoutez que cinq ou six jours de discussion avant le Referendum n'échauffent les passions et vous nous jetez en pleine période électorale qui dure des semaines! Qu'est-ce à dire? vous craignez qu'un débat sur une idée, sur une question d'intérêt, le plus souvent impersonnel, mette en feu la commune en déchaînant les rivalités et vous la forcez à discuter non plus seulement sur une idée, mais sur vingt, trente, quarante personnalités, — sur tous les candidats! Non seulement vous centuplez les dépenses et les démarches nécessitées par l'incident, mais vous transformez la question d'idées en question de personnes, et qui ignore que ce ne sont jamais les combats d'idées, mais bien les rivalités de personnes qui mettent en feu les petites villes?

Au reste, pourquoi tant discuter sur de simples hypothèses, quand nous avons des expériences faites; sur des prophéties, quand nous avons l'histoire? Où a-t-on vu que le Referendum suscitât des troubles? En Suisse? L'histoire de vingt années répond : non [1]. En France? Les essais faits

1. Il est de notoriété publique, en Suisse, que les élections excitent beaucoup plus les passions et les luttes des partis que les votations populaires sur les lois, c'est-à-dire le Referendum.

çà et là, sans ordre, sans légalité, sans surveillance, se sont passés dans le plus grand calme. Que les timides se rassurent ! ce n'est pas le Referendum qui aura jamais sur son compte les malheurs de Fourmies et de Châteauvillain.

X

EST-CE UN SOSIE DU PLÉBISCITE?

Mais j'ai hâte d'arriver à la dernière objection, la pire peut-être parce qu'elle est celle qu'on exprime le moins et à laquelle on pense le plus. C'est l'objection de principe. Que les électeurs puissent décider de l'emplacement d'un marché aux bœufs; que tout au moins leur vote soit un moyen de départager le conseil municipal en lui indiquant l'état de l'opinion; que ce moyen puisse être employé sans aucun trouble dans la rue ni dans les esprits, — voilà ce que beaucoup de contradicteurs nous concèdent, au fond, très volontiers. Mais s'ils estiment l'application que nous comptons faire de l'appel au peuple fort admissible et nullement dangereuse en elle-même, l'idée qui en est la base leur paraît grosse de déductions subversives. Le fruit que nous leur présentons ne leur déplaît pas, mais l'arbre que nous sommes obligés de planter pour avoir de ce fruit n'en produira-t-il pas d'autres empoisonnés qui tueront ceux que le premier aura nourris? Cela ne se dit pas très haut, car il est malséant de paraître douter du peuple et de sa fidélité aux institutions républicaines, mais cela se chuchote à l'oreille : « Oui, sans doute, votre petit Referendum municipal serait sans danger, s'il ne contenait que le fait; mais l'idée, le principe! Avez-vous bien pris garde d'où sort ce principe? » — Mon Dieu, oui, nous y avons pris garde. Il sort tout droit du *Contrat social* où Jean-Jacques Rousseau le formule en ces termes : « Toute loi que le peuple en personne n'a pas ratifiée est nulle; ce n'est point une loi. A l'instant qu'un peuple se donne des représentants, il n'est plus libre; il n'est plus[1]. » — Soit, nous réplique-t-on, en théorie pure, le principe n'effraie pas un démocrate, mais en pratique vous souvenez-vous du régime qui l'a inscrit le premier dans sa constitution? — Assurément, nous nous en souvenons : c'est la République de 1792 décrétant le 25 septembre que « le peuple français est l'universalité des citoyens français (art. 7), *qu'il délibère sur les lois* (art. 10), que tout projet de loi est imprimé et envoyé à toutes les communes de la République sous ce titre : *loi proposée* (art 58); que s'il y a ré-

1. *Contrat social*, III, 16.

clamation de la part des électeurs, le Corps législatif convoque les assemblées primaires (art. 60) pour décider s'il y a lieu à reviser la loi attaquée (art. 115). — Assez! assez! nous crie-t-on, il est hors de doute que le gouvernement direct par le peuple a été rêvé par les républicains, mais songez-vous aux régimes qui en ont fait l'application? — Nous y songeons, c'est la République suisse et, dans une certaine mesure, la République américaine. — Arrêtez! il ne s'agit pas de ce qui s'est passé à l'étranger, mais en France. Il s'agit des pratiques d'un régime autoritaire entre tous, il s'agit d'un expédient de gouvernement maintes fois employé contre la liberté; il s'agit d'une institution dont le principe est le même que celui du Referendum et dont le Referendum n'est au fond que le sosie : il s'agit du Plébiscite!

Horresco referens! Voilà le grand fantôme! Ce qui en effet a nui beaucoup jusqu'ici au Referendum dans l'esprit des libéraux, c'est sa ressemblance avec le Plébiscite. Il nous faut encore dissiper cette équivoque. A la vérité, il s'agit bien dans un cas comme dans l'autre, d'une consultation populaire; mais si le seul mot de consultation populaire doit faire reculer d'horreur les républicains, dont le dogme est la souveraineté du peuple, si nous devons proscrire comme entachée de césarisme toute espèce de statistique des opinions, si nous devons nous boucher les oreilles toutes les fois qu'on parle d'aller à la nation et de lui demander ce qu'elle veut, — il est plus simple, du même coup de supprimer le suffrage universel. Que si, au contraire, on nous permet de distinguer entre des choses d'apparences semblables, mais de nature toute différente, et si les démocrates veulent bien souffrir qu'on ne repousse pas sans l'examiner toute proposition qui tend à nous rapprocher de la démocratie, on se convaincra bien vite que le Referendum est tellement différent du Plébiscite que c'est justement, à aller au fond des choses, tout le contraire.

Observez d'abord ceci : le Plébiscite est un vote sur un homme; le Referendum est un vote sur une idée [1].

Théoriquement, il me semble qu'il y a là toute la différence qui tient entre le césarisme fondé sur le prestige ou l'habileté d'un homme à qui la nation livre ses destinées et la constante doctrine libérale fondée sur la valeur des idées, des doctrines, livrées à la discussion publique, soumises aux fluctuations et aux progrès de l'opinion

1. Je parle non du Plébiscite antique ou du Referendum que peuvent imaginer les théoriciens, mais du Plébiscite tel qu'il a fonctionné en France et du Referendum tel qu'il fonctionne partout.

et admises pour elles-mêmes, pour leur justice et pour leur vérité, abstraction faite des hommes plus ou moins glorieux, plus ou moins populaires qui s'en font un drapeau et parfois un tremplin.

Pratiquement, la différence entre le vote sur une idée et le vote sur un homme n'apparaît pas moins. On n'a qu'à faire appel aux souvenirs — et non les plus anciens — de notre histoire, pour observer que toutes les fois que des coalitions fondées sur une équivoque ont menacé nos institutions libérales, c'est sur un nom d'homme qu'elle se sont formées — jamais sur une idée. Si au lieu de se concentrer sur un nom qui, semblable au prisme, reflétait toutes les couleurs et, pareil aux vers des symbolistes, contenait toutes les pensées que chacun se plaisait à lui supposer, le peuple eût été obligé de voter sur un projet de loi bien défini, l'équivoque eût été dissipée d'un seul coup. Mis en présence non plus d'un *homme* dont le sourire semblait encourager les espérances les plus diverses, mais bien des *choses* elles-mêmes, les électeurs qui rêvaient des choses socialistes n'eussent pu marcher longtemps avec les électeurs qui rêvaient des choses réactionnaires; ceux qui suivaient l'homme parce qu'ils croyaient qu'il les mènerait plus à gauche n'eussent pas accompagné ceux qui le suivaient parce qu'ils croyaient qu'il les mènerait plus à droite, et ainsi cette coalition qui s'affirma par une multitude d'élections sur un nom d'homme — qui furent autant de petits plébiscites — n'eût pas tenu un instant devant un vote sur une loi — qui est un Referendum.

Certes, on pourra me répondre que l'on peut supposer des Plébiscites portant sur des lois, et supposer des Referendums portant sur des hommes, mais je n'entrerai pas dans cette logomachie. Dans ce siècle, il y a eu plusieurs plébiscites : ils ont tous porté directement ou indirectement sur un homme; il y a eu beaucoup de Referendums, ils ont tous porté sur une chose bien définie. Il est donc plus simple de laisser dire aux mots ce qu'ils disent historiquement, et d'appeler Referendum uniquement le vote populaire sur une loi.

Observons encore ceci. Historiquement, le Plébiscite absout des actes d'une légalité quelconque et dont on n'a pas eu le temps de mesurer l'effet. Le Referendum ne consacre ou ne rejette que des résolutions légalement prises, que des lois régulièrement votées par les représentants du pays.

Enfin le Plébiscite ordinairement placé au début d'un nouveau régime constitue un blanc-seing pour l'avenir. Le Referendum prononçant sur un seul acte à la fois et souvent sur un acte éprouvé [1] constitue un contrôle. Il est imprudent pour la démocratie de donner carte blanche à qui la mène; il est au contraire très prudent à elle de s'assurer un moyen de surveillance.

Par le Plébiscite, la nation accorde pleins pouvoirs à un homme pour un temps indéterminé et abdique ainsi tout droit de contrôle; par le Referendum, elle conserve ce droit par devers elle et l'exerce à tout moment. Autant un contrôle diffère d'un blanc-seing, autant le Referendum est donc différent du Plébiscite. Si, après cela, des esprits chagrins veulent absolument que ces deux contraires soient une seule et même chose, avouons-le, de même qu'ils avoueront que la figure de Janus était une seule et même chose : seulement d'un côté, elle représentait la guerre et de l'autre, la paix.

1. Il a eu ce caractère en Suisse, toutes les fois qu'il s'est exercé sur des articles de constitution, depuis longtemps en vigueur, et dont on avait pu, par conséquent, apprécier expérimentalement les qualités et les défauts. Il l'a eu notamment le 18 mai 1879, lorsque le peuple a rétabli la peine de mort par modification à l'article 65 de la constitution de 1874, après avoir, par conséquent, pu vérifier les résultats que la suppression de la peine de mort avait entraînés pendant cinq ans.

XI

EST-CE UNE ATTEINTE AU RÉGIME REPRÉSENTATIF?

Et envisageant maintenant, non plus le régime plébiscitaire, qui est hors de cause, mais le régime représentatif que l'on dit menacé par le moindre essai de Referendum, voyons s'il est vrai que l'avis des mandants, exprimé de loin en loin, rende inutile le rôle des mandataires et affaiblisse, jusqu'à l'anéantir, l'autorité qui leur est dévolue. Mais, s'il en était ainsi, il faudrait nier l'utilité de la plupart des fonctions de mandataire dans la vie civile et dans les affaires courantes. Voici un propriétaire qui ne peut s'occuper d'une propriété, parce qu'une industrie réclame tout son temps. Que fait-il? Il confie sa propriété à un régisseur. Ce régisseur administre toute l'année, mais voici qu'il est embarrassé pour quelque décision. L'empêcherez-vous d'aller trouver le maître et de lui demander son avis? Direz-vous que, dès lors, ce régisseur devient inutile et perd toute raison d'être? Observons ce qui se passe dans telle ou telle société par actions. Les plus grosses questions sont toujours tranchées par l'assemblée générale, comme les grosses questions politiques le sont en Suisse par le peuple; mais, de même qu'il n'est jamais venu à l'esprit de personne de contester l'utilité des administrateurs dans une société de ce genre, ni de dire que l'assemblée générale des actionnaires leur enlève toute initiative et supprime toute leur raison d'être, de même on ne saurait accuser quelques rares consultations populaires de porter atteinte au régime représentatif. *De minoribus rebus principes consultant, de majoribus omnes*, a dit Tacite des Germains [1]. C'est le principe du Referendum.

Enfin, me tournant vers ceux qu'épouvante le retour possible du pouvoir personnel et à qui cette crainte fait prendre ombrage du Referendum, je leur demanderai de bien réfléchir et de considérer s'ils ne repoussent pas là le seul principe pouvant amortir, chez les Français, le goût très vif qu'ils ont pour la personnification des idées, le seul procédé de gouvernement pouvant nous habituer à juger les doctrines, indépendamment des hommes qui les incarnent. Avec le sys-

1. *Les Germains*, XI.

tème unique de l'élection, nous sommes obligés de faire, à tout instant, un petit plébiscite sur un homme, de créer pour chaque législature, un petit roi, temporaire il est vrai, précaire je l'avoue, mais tout-puissant. Ne pouvant jamais nous prononcer directement sur les idées qui nous sont chères, nous devons forcément incarner ces idées dans des hommes qui grandissent ainsi de toute la grandeur de nos revendications et qui rassemblent en leurs mains tout le pouvoir que nous ne pouvons nous-mêmes exercer. Notre incapacité légale fait leur génie et notre silence, leur autorité. Si l'idée est populaire, si elle recueille des millions de suffrages, l'homme qui l'incarne devient subitement une puissance telle que, malgré ses apparences légales, elle fait trembler les amis de la légalité. L'élection nous force donc à personnifier, à *anthropomorphiser* les idées. Elle nous oblige à crier : *Vive un tel!* quand le Referendum nous permet de dire simplement : *J'approuve telle loi.* Elle entretient en nous ce goût de la figure politique, du héros, du chef, de l'homme nécessaire, goût qui est le levain de la dictature et le véritable « éveilleur » des ambitions caporalesques. Avec le Referendum, au contraire, nous dépouillons l'idée de sa forme humaine, de son masque personnel : nous n'avons plus besoin de faire triompher un homme pour faire triompher une loi ; nous ne sommes plus obligés de créer un roi pour obtenir une réforme ni, en un mot, de nous donner un maître, pour conquérir une liberté.

XII

TOUT LE MONDE D'ACCORD

Que reste-t-il de toutes ces objections? Y a-t il encore un fantôme à combattre, une ombre à dissiper? Je cherche quels sont les républicains opposés au Referendum communal tel que nous le comprenons, c'est-à-dire la liberté pour le conseil municipal de consulter le suffrage universel quand il le juge utile, et je ne trouve, en dehors des préfets et autres gens galonnés, que des partisans. C'est M. Henry Maret déclarant dans le *Radical*, à propos du Referendum de Cluny, qu'on devrait appliquer ce procédé dans tous les cas importants; c'est le regretté M. Raoul Frary, écrivant, il y a déjà six ans, dans la *France* que les Suisses n'avaient qu'à se louer du Referendum[1]; c'est le *Temps* se félicitant de ce que « le peuple helvétique dont les habitudes séculaires de selfgo-

1. *France* du 28 juillet 1887.

vernment font l'admiration et l'envie de l'Europe, ait un moyen très simple de ramener à l'ordre ses députés au moyen du Referendum » ; c'est M. de Laveleye disant dans la *Revue des Deux Mondes*, il y a sept ans[1], que les modérés commencent « à voir dans le Referendum un moyen de salut et une institution contre-révolutionnaire » ; c'est M. Paul Deschanel constatant que « la consultation des habitants sur certaines questions d'ordre purement municipal dans les petites communes est pratiquée par tous les peuples libres[2] » ; c'est M. Brousse, conseiller municipal de Paris, proposant le 23 novembre 1892, que la convention avec la Compagnie du gaz soumise au Conseil[3] « n'ait force de loi que lorsque les électeurs l'auraient directement sanctionnée » ; c'est M. Leroy-Beaulieu, un parlementaire avéré, demandant « qu'on introduise dans notre législation le principe du Referendum suisse pour les cas très importants[4] » ; c'est M. Pelletan déclarant à la Chambre qu'il ne repousse la proposition Mackau qu'en raison de son caractère censitaire[5] ; c'est M. Millerand écrivant dernièrement dans le

1. 1er octobre 1886.
2. Le *Temps*, 10 janvier 1891.
3. *Bulletin municipal officiel de la ville de Paris*, 24 nov. 1892.
4. *L'Économiste français*, 11 décembre 1887.
5. *Journal officiel*, 17 juin 1890.

XIX siècle « qu'en conférant au peuple le droit de veto, nous restituons en son intégrité la souveraineté populaire ». Ce sont bien d'autres que je ne puis nommer sans allonger démesurément cette liste déjà trop longue et sans faire ainsi une espèce de Referendum sur le Referendum ; c'est enfin jusqu'à M. Maurice Faure disant à la tribune de la Chambre le 16 juin 1890 : « Certes, Messieurs, il y a un système de Referendum logique, admissible, conforme à la bonne administration et aux doctrines constantes du parti républicain: c'est celui qui serait décidé, organisé, jugé utile par le conseil municipal lui-même, faisant appel, pour éclairer et pour dicter son vote aux lumières, à l'avis de tous les électeurs inscrits. » — Ce Referendum que M. Maurice Faure déclare « conforme aux doctrines constantes du parti républicain », c'est celui que nous demandons.

Et si nous interrogeons maintenant les conservateurs, bien qu'il y ait parmi eux des adversaires de cette innovation essentiellement démocratique [1], bien que les chefs monarchistes s'abstiennent ordinairement de se prononcer sur ce point, cependant il ne manque pas de bons esprits parmi eux qui, se souvenant du mot de Tocque-

1. Presque tous les membres du parti conservateur au Conseil municipal de Paris ont voté contre le projet de Referendum, présenté dans la séance du 23 nov. 1892.

ville : « L'extrême démocratie prévient les maux de la démocratie », ont compris que, pour républicaine qu'elle fût, l'institution du Referendum n'en était pas moins un instrument d'ordre et de pacification. Citerai-je les nombreux articles que M. Eugène Rostand, l'éminent économiste, a publiés [1] et la campagne que, le premier peut-être en France, il a menée à ce sujet? Citerai-je M. Claudio Jannet disant dans le *Correspondant* : « *L'expérience du vote populaire direct est favorable aux États-Unis comme en Suisse* et qu'il y a là *peut-être une indication* sur le sens dans lequel il faut souhaiter de voir *les institutions démocratiques se développer* » ; M. Boyenval reconnaissant à la fin d'une pénétrante étude publiée dans la *Réforme sociale* que « le Referendum aurait sa place marquée dans notre démocratie sans règle et sans frein [2] »; M. Paul de Cassagnac déclarant que, « partout où règne le suffrage universel, le Referendum est nécessaire, indispensable, et que c'est le seul frein pour tenir et réprimer les factions [3] » ; M. de la Tour du Pin Chambly soutenant, au nom des catholiques, devant les États du Dauphiné de 1888, le vœu que l'appel *ad refe-*

1. *Journal de Marseille.*
2. A. Boyenval. Le suffrage universel et le Referendum *Réforme sociale* du 16 janvier 1893.
3. *L'Autorité* du 21 juin 1892.

rendum fût institué en France comme en Suisse; M. Émile Ollivier souhaitant [1] que l'organisation de la commune soit refondue et que « les décisions qui sortent de la catégorie de simples actes d'administration, tels qu'un emprunt à contracter, un édifice à construire, soient prises par le peuple directement sur l'initiative du préposé compétent »; la *Vérité*, journal catholique né d'hier, qui affirme que si l'on établit le Referendum, « on aura opéré une réforme des plus capitales, des plus urgentes »; le *Soleil* enfin déclarant, par la plume de M. de Kérohant que, « si l'on voulait fonder en France une République véritablement libérale et démocratique, comme l'est la République des États-Unis ou la République suisse, on introduirait dans nos institutions... le principe du Referendum [2]? » Rappellerai-je la proposition de loi sur le Referendum national en matière législative faite par quatorze députés de la droite, la proposition Mackau soutenue par plus de 150 députés conservateurs et la proposition transactionnelle Mitchell, Delafosse et Brincart sur le Referendum municipal? Sans doute ces motions se ressentent de leur origine réactionnaire et n'ont qu'une vague ressemblance

1. Dans son beau livre : 1789 et 1889.
2. 29 avril 1893.

avec celle que nous soutenons ici. Mais n'est-il pas permis de penser que qui veut le plus accepte le moins et que, le jour où les républicains se seraient entendus pour accorder aux municipalités le Referendum communal qu'ils considèrent comme le maximum acceptable de l'appel au peuple, les plébiscitaires et les catholiques s'entendraient pour l'accepter comme le minimum de leurs revendications sur ce point et qu'ainsi tout le monde se trouverait d'accord. — *Tout le monde d'accord!...* En vérité, c'est là une circonstance trop rare dans notre vie politique, pour que nous la laissions échapper!

TABLE DES MATIÈRES

Paris. — Imprimerie L. MARETHEUX, 1, rue Cassette. — 1431.

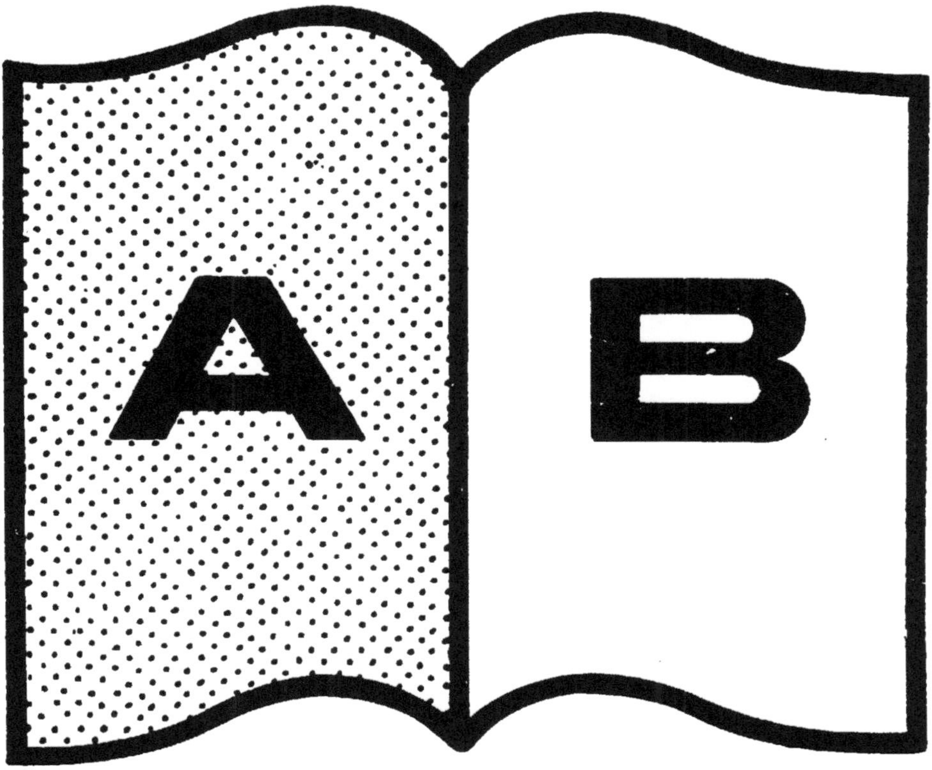

Contraste insuffisant

NF Z 43-120-14

www.ingramcontent.com/pod-product-compliance
Ingram Content Group UK Ltd.
Pitfield, Milton Keynes, MK11 3LW, UK
UKHW031924260826
14628UKWH00003B/1400

9 782013 368605